Heinrich Albertz
Miserere nobis

Heinrich Albertz

Miserere nobis

Eine politische Messe

verlegt bei Kindler

Inhalt

25. Januar 1987

In der Münchner Lach- und Schießgesellschaft fällt die öffentliche Vorstellung aus. Werner Schneyder feiert seinen fünfzigsten Geburtstag. Meine Frau und ich sind eingeladen. Als wir den »Laden« betreten, sind erst wenige Gäste da – Lore Lorentz, Irene Drechsel, Helmut Kindler –, und die ersten Hochrechnungen der Wahlen zum Bundestag liegen schon vor. Es wird ein seltsam doppelbödiger Abend. Immer mehr Freunde, meist die Begleiter von Kindheit und Jugend des Gastgebers aus Österreich, kommen, Journalisten, dann auch ein paar Deutsche – unter ihnen Dieter Hildebrandt –, fröhlich, fast unbeschwert. Als einige von uns noch einmal in ein Nebenzimmer gehen, vor den Fernsehschirm, bleiben uns nur wenige Minuten, die unsägliche Runde zu betrachten, zu der dann schließlich auch noch der Mann aus Bayern tritt, eine betrunkene Clown-Nummer für sich, denn wir werden zu den anderen Gästen zurückgeholt – die Reden beginnen. Wir lachen, als sei nichts geschehen. Es ist dies fast wie in Berlin-Kreuzberg in den frühen Jahren der Szene, eine Welt für sich, sehr liebenswert und unverzichtbar, aber merkwürdig fern von den nüchternen Zahlen, der zweiten Wende, dem Beginn von noch einmal vier Jahren »weiter so«. Es wird spät. Ich sage einmal fast beiläufig »Miserere, Kyrie eleison, Gloria.« Die Bemerkung geht unter in den Geschichten, die jeder zu erzählen hat, in Freundschaft und Zuspruch. Die Nacht ist kalt, als wir endlich ins Hotel zurückfahren.

7

Am nächsten Abend dann mit den Freunden des Kindler-Verlages ist der beiläufige Satz mit den uralten Messetexten wieder da. Wir reden und reden. »Können Sie nicht zu diesen Texten entlang schreiben, was jetzt notwendig ist?«

Und nun sitze ich hier in Bremen, eine Woche später, vor den ersten Bögen weißen Papiers. Es ist ein abenteuerliches Unternehmen. Ich weiß es. Es darf kein Predigtbuch werden, noch weniger eine Verletzung oder Verhöhnung der alten Texte und Ordnungen, die heute kaum einer mehr kennt, schon gar nicht im Lateinischen. Ich weiß nicht, ob der Versuch gelingen wird, die Welt, in der wir leben, den Ablauf der Tage, den Zorn, die Hoffnung, Verstand und Herz zusammenzuführen zu einer Einheit mit dem, was ich ja selbst ein Leben lang geglaubt, gesagt, geschrieben habe. Einer Einheit im Widerspruch. Einem Widerspruch gegen die Entleerung der Form, ihrer zynischen Verachtung, schon, wenn sie, die alten Texte, ausgesprochen werden. Jeden Sonntag, in der katholischen Christenheit jeden Tag, vor unzähligen einsamen Altären. Von Martin Luther bewußt übernommen in die »Deutsche Messe«. Deutsch, damit die Gemeinde verstehe, wovon die Rede ist. Deutsch längst auch bei den Römischen Brüdern — die Schwestern sind ja dort noch undenkbar am Altar.

Vielen, den meisten, die dieses Buch in die Hand nehmen, werden die alten Texte fremd sein. Ganz unabhängig von der religiösen Überzeugung jedes einzelnen von uns, Christen oder Nichtchristen, Agnostikern, Atheisten, ist diese Fremde ein besonders deutliches

Zeichen für den Verfall unserer europäischen Kultur. Aber vielleicht hilft die Fremdheit zu erkennen, wie weit Anspruch und Wirklichkeit auseinanderklaffen in diesem angeblich christlichen Abendland mit seinen täglich beschworenen Werten.

Eben kommt vom Verlag der Vertrag für dieses Buch. Ich werde ihn unterschreiben.

I

IN NOMINE PATRIS, FILII, SPIRITUS SANCTI.

**Im Namen des Vaters,
des Sohnes und
des Heiligen Geistes.**

Dies ist ein Haus der Namen, in dem ich jetzt wohne. Unten in der schönen Halle, vor den Fahrstühlen, gibt es den Richtungsweiser zu einer großen Tafel, auf der mit den Zimmernummern die Namen der alten Leute verzeichnet sind, die hier wohnen, Namen in langen Reihen, nach Stockwerken geordnet. Noch einmal an der langen Wand der Briefkästen. Noch einmal in der Liste, die jeder, der hier wohnt, in die Hand bekommt. Sehr norddeutsche Namen, Carsten, Petersen, Götze — die Vornamen beweisen, wie groß die Mehrheit der Frauen ist. Sie sind bremisch. Ein wenig altmodisch: Else, Irene, Marie. An den Türen der Wohnungen noch einmal Namen. Sie werden auf kleinen Tafeln eingesteckt in Holzrahmen. Ist der Rahmen leer, der Name erloschen, die letzte Fahrt angetreten, kann die Wohnung neu vermietet werden. An meiner Tür fehlt der Name. Nachdem eine faschistische Gruppe angekündigt hatte, mich zu »besuchen«, meinte die Polizei, es sei besser so.

Ich kann mir Namen schlecht merken. Gesichter ja, die Stimme, den Gang eines Menschen. Vielleicht waren es zu viele Namen in siebzig Jahren. Wie hießen die Lehrer? Die Schinder beim Kommiß? Die Gefängnisbeamten? Die Kollegen in den Pfarrämtern, den Behörden und Kabinetten? Die Kinder, die ich getauft, die jungen Leute, die ich getraut, die Alten, die ich beerdigt habe, die vielen Gefangenen, die ich besuchte? Das alles ist seltsam verschwommen. Dabei ist doch der Name das Erkennungszeichen, die Identität, die Haftung.

Aber wer haftet? Dies habe ich »persönlich« gesagt, getan. Wie denn sonst? Aber es eben nicht persönlich gesagt oder getan zu haben, ist doch die Regel geworden. »In meiner Eigenschaft« als Minister, als Steuerinspektor, als Werksleiter, als Lehrerin. Auf Anordnung. Auf Befehl. An das Gesetz gebunden. Der Partei verpflichtet. An meinen Eid gebunden. Einfach: den Sachzwängen ausgeliefert.

»Herrn Bürgermeister persönlich«: die Adresse, die sichern soll, ein Brief werde von dem gelesen, an den er gerichtet ist. Ganz selten hilft sie sogar. In den höheren Rängen gibt es dafür einen persönlichen Referenten. »An das Oberlandesgericht Stuttgart – 2. Strafsenat« – Wer ist das? Menschen? Ein Kollektiv? Wer entscheidet? Wer urteilt? Wer ist haftbar für einen Justizmord – den es ja auch nach der Abschaffung der Todesstrafe noch gibt?

»Im Namen des Gesetzes«. »Im Namen des Führers«. Jetzt »Im Namen des Volkes«. Der Senat erhebt sich. Die Richter tragen schwarze oder rote Roben. Der Angeklagte wird verurteilt – wird freigesprochen. Der Senat, »dem angehört haben die Richter« – dann folgen die Namen. »Rehse« zum Beispiel. Richter am Volksgerichtshof. Blutrichter. Aber nicht haftbar zu machen.

Tausende haben ihren Namen gewechselt. Aus ehrenwerten Gründen. Frahm in Brandt. Aus unehrenwerten Gründen: Mengele, Barbie, Eichmann. Gestern sah ich einen Film über einen Arzt, der Tausende von Kindern im Konzentrationslager ermordet hat. Durch Injektionen. Hense hieß er. Als Doktor Köhler hat er noch praktiziert, bis ihn sein Sohn durch die gleiche tödliche Injektion umbrachte.

Und die großen Namen, die wir nicht vergessen. Die wir in der Schule gelernt haben. Die vergangenen, die gegenwärtigen, die unser Leben bestimmt haben. Die jeweils Mächtigen. Heute also Reagan und Gorbatschow. Ihre Statthalter in Europa, in Deutschland. Einen durften wir gerade wieder wählen, am 25. Januar 1987. Helmut Kohl aus Oggersheim. An alle diese denke ich, wenn ich das Unerhörte, Unaussprechbare spreche, wenn ich es auszusprechen wage: »Im Namen des Vaters...« Leise. Ganz leise. Ich fühle es an der Reaktion der Gemeinde, die »lauter« rufen möchte, weil sie meinen, die Stimme ist wieder zu schwach. Aber es ist nicht die Stimme. Es ist die Hemmung, so zu beginnen.

Den Vater kenne ich nicht. Er hat keinen Namen. Dies ist der entscheidende Unterschied zwischen der jüdisch-christlichen Tradition und allen anderen Weltreligionen: der namenlose Gott, der auf die Frage Mose, wie er heiße, antwortete: »Ich bin, der ich bin.« Der verbot, sich ein Bild von ihm zu machen. Ein Verbot, das dann doch durchbrochen wurde auf breiter Front — bis auf die Synagogen und die Reformierten Gemeinden. Nein, er hat keinen Namen. Den Namen hat der Sohn. Zu ihm rette ich mich. Er war ein Mensch. Dieser Sohn, der einzige Sohn Gottes seit Adams Vertreibung aus dem Paradies. Im Namen eines Namenlosen also beginnt die Messe, der evangelische Gottesdienst. Leise. Aber der Anspruch bleibt.

In St. Stephani in Bremen, am Sonntag nach der Wahl, sitzt die Gemeinde vor mir, und ich spreche ihn aus, den Anspruch. Wissend, wo ich spreche, zu wem ich spreche; wissend, wer spricht: ein Mann, der nichts ändern konnte. Zu Menschen, die nichts geändert haben. Alles wird »Weiter so« gehen. Raketen werden in jedem Falle bleiben. Die Kernkraft bleibt und wird sich vermehren. Der Smog bleibt und wird sich vermehren. Die Arbeitslosen bleiben, und ihre Zahl wird wachsen. Die Ausgrenzung eines Drittels unseres Volkes bleibt und wird immer gefährlicher. Die Sicherheitsgesetze bleiben und werden noch unbedenklicher angewendet werden. Ich aber stehe da und trage einen schwarzen Talar und sage: »Im Namen des Vaters ...« Leise. Aber ich sage es.

Sogleich trieb Jesus seine Jünger an, ins Boot zu steigen und
vor ihm hinüberzufahren, bis er das Volk entlassen hätte.
Als er aber das Volk entlassen hatte, stieg er allein auf einen
Berg, um zu beten. Und am Abend war er dort allein. Und
das Boot war schon weit vom Land entfernt, und die Wellen
machten ihm schwer zu schaffen. Denn der Wind stand ihm
entgegen. Aber in der vierten Nachtwache kam Jesus zu
ihnen und ging auf dem See. Und als ihn die Jünger auf dem
See gehen sahen, erschraken sie und riefen: Es ist ein
Gespenst! und schrien vor Furcht. Aber sogleich redete
Jesus mit ihnen und sprach: Seid getrost, ich bin's; fürchtet
euch nicht. Petrus aber antwortete ihm: Herr, bist du es, so
laß mich auf dem Wasser zu dir kommen. Und er sagte:
Komm her! Und Petrus stieg aus dem Boot und ging auf dem
Wasser und kam auf Jesus zu. Als er aber merkte, wie stark
der Wind war, erschrak er, begann zu sinken und schrie:
Herr, hilf mir! Jesus aber streckte sogleich seine Hand aus,
ergriff ihn, und sagte zu ihm: Du Kleingläubiger, warum
hast du gezweifelt?
Und sie traten in das Boot, und der Wind legte sich. Die aber
im Boot waren, fielen vor ihm nieder und sprachen: Du bist
wahrhaftig Gottes Sohn.

(Matthäus 14, 22–33)

»Liebe Gemeinde –
der Pastor, den ich heute vertrete, hat zu mir gesagt:
›Dieser 1. Februar, das ist eine Woche nach der Wahl,
da müssen die Menschen wohl getröstet werden.‹ Ach,
ihr Lieben. Wen soll ich trösten? Die Grünen in ihrem
Triumph? Die CDU/CSU, die nun wohl nicht einfach
›Weiter so‹ machen kann, den guten Bruder Johannes

17

Rau, der wie befreit sein wird von den aberwitzigen letzten Wochen — oder gar unsere lieben Freien Demokraten, die wieder einmal, wie immer, alles bestimmen? Wenn überhaupt, dann müssen wohl alle Nachdenklichen im Lande getröstet werden, weil unsere Wahlen zu einem Fernsehspektakel oder einem Pferderennen der Meinungsforscher und Computer verkommen sind. Nein, ich kann euch nicht trösten. Aber trösten kann uns vielleicht diese seltsame in Wasser und Sturm und Licht zerfließende Geschichte, die ich vorgelesen habe. Welch eine Geschichte! Wer nun bei Hören und Nachdenken auch das Land nicht vergißt, in dem wir leben, sich selbst nicht in seinen Erwartungen, erfüllten oder enttäuschten Hoffnungen, wer spürt, dieser unglaubliche Bericht geht uns an — dem kann diese Predigt vielleicht helfen, vielleicht auch mir selbst. Eine lange Einleitung.

Nun also, endlich. Der See Genezareth. In Wirklichkeit ein kleines Meer. Der Mann aus Nazareth und seine höchst anfechtbaren Gefährten. Landstreicher? Gaukler? Eine kriminelle Gruppe, die den Umsturz betreibt? Was mag in den Schriftrollen der Geheimpolizei, des Pilatus und des Kaiphas alles gestanden haben? Eine unzählbare Schar Menschen sind eben von fünf Fischen und zwei Broten satt geworden. Der Herr entläßt das Volk, treibt seine Leute in ein Boot, völlig erschöpft, wie er ist, wenn Menschen satt werden sollen vom Mangel, will allein sein, ›steigt er auf einen Berg, um zu beten. Und am Abend war er dort allein.‹ Nacht also, Stille. Es gibt in den Evangelien viele solcher Hinweise, wie der Mann diese Stille sucht. Wie er immer wieder

die Hektik seines umgetriebenen Daseins für andere
unterbricht, wie er ausatmet, den Staub der Straßen,
das Geschrei, wie er ausbricht aus den Erwartungen,
die ihn bedrängen, der Torheit seiner Freunde. Wie er
lebt. Was heißt leben? Eben dies: allein sein mit dem,
den du nicht siehst, aber der dein Schöpfer ist. Ich sage
dazu gar nichts weiter. Nur: Ob das Chaos, das wir
inzwischen auf dieser Welt angerichtet haben, nicht
auch damit zusammenhängt, daß nur noch wenige von
uns allein sein können? Daß sie immer Bewegung
brauchen, Betrieb, ›Aktion‹, wie das scheußliche Wort
heute heißt? Und von denen, die uns regieren sollen,
wollen – wer hat da noch Zeit zum Nachdenken, will
überhaupt nachdenken?
Szenenwechsel. Die Gefährten im Boot. Weit vom
Land. Die Wellen machen ihnen schwer zu schaffen.
›Denn der Wind stand ihnen entgegen.‹ Als sie ausfuh-
ren, war es vielleicht ruhig, das Wasser, die Luft. Weiter
so, haben sie vielleicht gedacht. Der Kurs ist richtig.
Das Ufer drüben nicht weit, die Fahrt vertraut. Sie
kennen die Griffe an Segel und Ruder. Aber dann steht
der Wind entgegen. Liebe Freunde: Wie lange steht
jedem, der noch sehen und hören, lesen und schreiben
kann, nicht schon der Wind entgegen? Was ist uns alles
weggeblasen worden, nur nach 1945? Wie stolz sind
wir damals losgefahren. Befreit. Zu neuen Ufern. Zum
Frieden, zu mehr Menschlichkeit. Und welche Briefe
bekomme ich heute jeden Tag von Alten und Jungen.
›Der Wind steht uns entgegen.‹ Wir werden müde. Wir
können das Ruder nicht mehr halten. Wir gehen womöglich unter.

Da sehen sie in ihrer Angst jemand auf dem Wasser gehen. Sie schreien vor Furcht: ›ein Gespenst‹. Aber da redet das Gespenst mit ihnen durch den Sturm, schreit wohl auch, damit sie es verstehen: ›Seid getrost, ich bin's; fürchtet euch nicht.‹ Soll ich nun einen psychologischen Erklärungsversuch machen und mit meiner Weisheit des 20. Jahrhunderts und nach aller Aufklärung des 19. Jahrhunderts sagen: natürlich, eine Halluzination? Ich denke nicht daran. Wer sieht wen? Wer erscheint über den Wassern meines Lebens? Im Sturm? In der ganz gemeinen Existenzangst, wenn das Boot zu sinken droht? Viele, viele. Natürlich. Deine Frau. Oder dein Mann. Oder ein Freund. Oder nur ein Wort, ein Lied, ein Bild oder auch Gespenster. Natürlich. Aber eben hier: Er, an dem sie hängen, dessentwegen, schlimm genug, sie ihre Familien verlassen haben. Der eben mit fünf Fischen und zwei Broten 5000 Menschen satt machte. Der Wunderbare. Glaube ich alter Mann an Wunder? Nein. Aber an den, der hier sagt: Ich bin's. Und dem Wunder leicht sind wie ein Spiel, unter dessen Händen Wasser Wein wird. Der selbst ein Wunder ist. Der Sohn der Maria, Gottes lieber Sohn. Der Mensch, wie er gemeint war im Paradies. ›Ich bin's.‹ Er, bitte sehr, er. Nicht ein Matador der Wahl vom 25. Januar. Kein Programm. Kein Haufen Flugblätter. Er über dem See.

Und wie sollte es anders sein, daß es nun wieder Petrus ist, dieser merkwürdig schnelle, oft zu schnelle, einfältige, liebenswerte Fischer. ›Herr, bist du es, so laß mich auf dem Wasser zu dir kommen.‹ Und Er sagte: ›Komm her.‹ Ich muß meine Predigtzeit einhalten. Wir kennen die Geschichte. Petrus steigt aus dem Boot. Aber als er merkt, wie stark der Wind war, versinkt er im Wasser und schreit: ›Herr, hilf mir!‹ Sollen wir ihn als Verrückten verurteilen? Hätte Jesus gesagt: ›Komm‹, wenn er nur Verrücktes wollte? Ist uns allen das Unmögliche versperrt? Vor allem, aus dem Boot zu steigen, aus einem Amt, aus einer Partei, aus einer Kirche? Doch wohl nicht. Denn es folgt ja die seltsame Frage Jesu: ›Du Kleingläubiger, warum hast du gezweifelt?‹ Also hat das Aussteigen, das Sich-loslassen, doch wohl etwas mit einem großen Glauben zu tun? Aber eben mit diesem Vertrauen zu ihm, nicht auf die eigene Kraft, nicht auf Kohl oder Rau oder Ditfurth, nicht auf irgendeine Sicherheit. Es geht also nicht darum, etwas Irrsinniges zu unternehmen. Aus dem Stand die absolute Mehrheit, ein Direktmandat für die Grünen, oder einfach stur ›Weiter so.‹ Ich fordere niemand auf, bei Rot über die Straße zu gehen oder aus dem Fenster zu springen. Aber daß der Herr es für möglich hält, den Petrus aussteigen zu lassen, sollte uns doch nachdenklich machen. Und wenn ich bedenke, was in meinem langen Leben alles passiert ist an wunderbaren und gefährlichen Sachen, könnte ich noch lange weiterreden. Schaue ich freilich genauer hin, war wohl immer zuerst der Herr auf dem Wasser. Vor allem enden solche Geschichten, die des Evangeliums, und manchmal auch die eigenen, daß man dann, als sei nichts geschehen, mit ihm im Boot sitzt. Die Gefährten (ich kann es nicht ändern, unter ihnen ist keine Frau. Aber die wichtigste Erscheinung Jesu, am Ostermorgen nämlich, haben Frauen wahrgenommen. Hätten sie ihn damals

nicht gesehen und die schlafenden Männer geweckt,
gäbe es gar kein Christentum!), die Gefährten also und
er. ›Und sie traten in das Boot und der Wind legte sich.‹
Jesus und der klatschnasse, prustende Petrus. Frieden
also, tiefer Frieden. So fallen sie denn auch nieder und
sprechen: ›Du bist wahrhaftig Gottes Sohn!‹
Wie viele, wie wenige können es sprechen heute morgen
in St. Stephani am 1. Februar 1987? Ich weiß es nicht.
Man kann es überhaupt nur sprechen in immer neuen
Zweifeln. Aber eben immer wieder. Ich hoffe nur, diese
Geschichte, diese wunderbare Geschichte kann uns ein
bißchen fröhlicher, mutiger, gewisser machen als alles,
was uns die Wochen seit Silvester erzählt worden ist.
Vielleicht gar uns selbst zu fragen, wie unser kleiner
Glaube größer werden könnte, auch wenn wir nicht
gleich, statt über die Brücke, über das Wasser der Weser
gehen werden. Hauptsache, wir gehen. Hauptsache,
wir wissen, da ist einer, der sagt: ›Ich bin's, fürchtet
euch nicht.‹ Amen.«

Das war die Predigt, am Sonntag nach der Wahl. Eine
sehr milde Predigt.

Ich sehe aus dem Fenster. Eine Taxe fährt vor. Der
Fahrer holt aus dem Gepäckraum einen zusammen-
klappbaren Rollstuhl, stellt ihn auf die Räder, öffnet
die rechte Tür, holt ganz vorsichtig eine halbgelähmte
Frau aus dem Wagen, setzt sie in den Stuhl, trägt ihre
Handtasche und fährt die Frau in ihrem Stuhl ins Haus.
Ich kenne seinen Namen nicht. Ich kenne nicht den
Namen der Frau.

Vielleicht deshalb im Namen des Vaters? Leise. Die Taxe fährt wieder in die Stadt.

Ein Mensch hilft einem anderen. Ist dies nicht mehr als alles Reden über die Veränderung der Welt? Wir kennen diese Fragen bis zum Überdruß. Es sind falsche Fragen. Es sind Fluchtfragen. Caritas und Lex sind keine Gegensätze, die sich ausschließen. Die Liebe also und das Gesetz. Im Sozialministerium in Hannover, das 1951 neu erbaut wurde und in das ich als erster Hausherr einzog, habe ich in der Halle eine moderne Darstellung vom Gleichnis des barmherzigen Samariters anbringen lassen und die Überschrift gesetzt: Maxima Caritas Lex. Die größte Liebe ist das Gesetz. Das gute, das hilfreiche, das ordnende Gesetz. Ich höre, ein Christdemokrat als Minister habe Bild und Überschrift beseitigen lassen. Ich habe es nicht nachprüfen können. Aber damals im Aufbau, auf den Trümmern, aus der Gesetzlosigkeit des Verbrecherstaates Hitlers war es wirklich so: Wir brauchten eine neue Ordnung, eine radikale Veränderung. Wir wissen, sie ist nicht erreicht worden. Im besten Falle wurden die alten Gesetze wieder in Kraft gesetzt, ein wenig geschönt, die schlimmsten faschistischen Paragraphen gestrichen. Also renoviert, restauriert. Nicht neu gebaut. Beim einzigen Gesetz, das eine Veränderung der gesellschaftlichen Verhältnisse ermöglicht hätte, beim Lastenausgleich, blieb auch alles beim alten, und bei der Währungsreform schon gar. Im Namen des Gesetzes eben nichts oder fast nichts geändert.

Auch nicht im Namen des Grundgesetzes? Die freiheitlichste Verfassung auf deutschem Boden. Ich habe oft genug darüber geredet und geschrieben. Ich schäme mich fast, es zu wiederholen. Der Text des Grundgesetzes in seiner ursprünglichen Form — vor allem die ersten neunzehn Artikel über die Grundrechte mit ihren lapidaren Überschriften — hätte das Land, vielleicht auch die Menschen, verändern können. Menschenwürde, Freiheit der Person, Gleichheit vor dem Gesetz, Gewissensfreiheit, Meinungsfreiheit, Enteignung, Sozialisierung, Asylrecht, Wehrdienstverweigerung, Abschaffung der Todesstrafe. Mit allen diesen Grundwerten kommt das weltliche Gesetz sehr nahe an die Texte von Vater, Sohn und Heiligem Geist heran. »Im Bewußtsein seiner Verantwortung vor Gott und den Menschen... hat das deutsche Volk... dieses Grundgesetz der Bundesrepublik Deutschland beschlossen.« So die Präambel. Nun, wir wissen, das deutsche Volk war es nicht. Es ist nicht gefragt worden. Es war eine Verfassung von oben. Es blieb sie. Und Jahr für Jahr, mit jeder Änderung, mit immer neuen Richtlinien, in der Allianz mit den Siegern, mit der Bundeswehr und den alten Feindbildern, ist dieses Gesetz der Grundwerte in eine fatale Parallele geraten: Es spielt dieselbe Rolle für das Volk wie das Evangelium für die Christenheit.

Indem ich also die uralte Liturgie zu sprechen beginne — leise —, weiß ich, ich spreche von einer anderen Welt. Von einem Gott, neben dem es keine anderen Götter gibt, von einem Sohn, der als Verbrecher aufgehängt wird, weil er ein Mensch sein wollte, wie ihn sein Vater geschaffen hat, von einem Geist, der wie ein Feuer über uns hereinbricht und das dürre Holz unserer Ersatzreligionen verbrennt. Ich spreche die Formel, die in unse-

rem abendländischen Kulturkreis zynisch mißbraucht
wurde. Mit der blutige Kriege, grausame Unterdrük-
kung, Verfolgung von Minderheiten, Verteidigung von
Vorrechten und Besitz über Jahrhunderte hin immer
wieder begründet wurden. Darum spreche ich sie so
leise.

Der 25. Januar 1987 war ein Sonntag. War es ein Tag
des Zorns? Dies irae? Was war anderes zu erwarten —
nach diesem »Weiter so«? Nein, der Zorn kommt mir
nur ins Gesicht, wenn ich in diesen Wochen danach
erlebe, wie schnell wir zur Tagesordnung übergingen.
Eine satte Mehrheit hat, mit welchen Begründungen
auch immer, das »Weiter so« in der Person dieses
Mannes aus Oggersheim gewählt. Keine Freude über
die Verluste der Union wird darüber hinwegtäuschen
können, daß nun die Wende erst wirklich beginnt. Die
Rückwende, das Zurück, möglichst noch vor die Weimarer Republik. Dies alles im Namen christlicher
Grundwerte, was immer das sei. Dies alles im Namen
dessen, vor dessen Bild ich stehe, den Rücken ihm
zugewandt, dem Kruzifix, dem Sohn, zur Gemeinde das
unerhörte »Im Namen Gottes« sprechend.

Die Nachrichten vom letzten Tage zeigen es wie im
Spiegel. Ein Untersuchungsausschuß wegen des Ver-
kaufs von U-Boot-Bauskizzen an das rassistische Regi-
me in Südafrika, das drastische Ansteigen der Arbeits-
losenzahlen, mit denen wir uns längst abgefunden haben, das Feilschen um die Senkung des Höchststeuer-
satzes, die Anmahnung der verschärften Sicherheitsgesetze, das Satyrspiel um die verstrahlte Molke in drei
Güterzügen, die Bagatellregelungen für einen Umwelt-

schutz, der keiner ist. Von Kernkraftwerken und Raketen wird gar nicht mehr geredet.

Gestern lief der Film »Die bleierne Zeit« der Marga-
rethe von Trotta endlich über die Fernsehschirme. Ja,
bleiern, das ist es wohl.

II

INTROITUS

Eingangsspruch

Gott sei uns gnädig und segne uns, er lasse uns sein Antlitz leuchten, daß man auf Erden erkenne seinen Weg, unter allen Völkern sein Heil.

(Psalm 67)

Text für den 3. Sonntag nach Epiphanias, im Jahr 1987 der 25. Januar.

Introitus. Eingang. Hineingang. Eintritt. Wo treten wir ein, sind wir eingetreten, sind wir gezwungen worden, einzutreten? Wer tritt uns, wer hat uns getreten, hinein, hinaus? Welche Türen sind es? Was steht über den Türen, den Toren? König-Wilhelm-Gymnasium — Aula Leopoldina — Hindenburg-Kaserne — Untersuchungshaftanstalt — Arbeit macht frei. Und: »Soli Deo Gloria — Gott allein die Ehr.«

Der hessische Ministerpräsident hat seinen grünen Umweltminister entlassen. Gestern ist er selbst zurückgetreten. Das Experiment der Zusammenarbeit zwischen der alten, fast immer pragmatisch handelnden Sozialdemokratie und den jungen Utopisten ist zunächst einmal gescheitert. Die Schwarzen jubeln im Lande. Eine nochmalige Drehung der Wendungsschraube nach rechts scheint möglich. Fällt auch Hamburg, haben die »Weiter so«-Leute im Bundesrat eine Zweidrittelmehrheit. Am 5. April soll gewählt werden im roten Herzen der Republik. Vielleicht wird dieses Datum wichtiger sein als der 25. Januar. Ein wirklicher Dies irae? Jedenfalls erhalten alle Oberwasser, die eine Verbindung der so unterschiedlichen Gruppen als beginnendes Chaos bezeichnen, auch in der SPD — und umgekehrt bei den Grünen werden die Fundamentali-

sten noch stärker werden. Vielleicht eine immer konser-
vativere SPD, die Kopie der CDU, oder ein Aufguß der
Grünen. Und die Menschen im Lande sind eben mehr
für das jeweilige Original. Wer sollte es ihnen verübeln?
Nur: Wohin soll es führen, wenn wir immer entschlosse-
ner in die Vergangenheit zurückfallen? Wie tief sitzen
die Wurzeln? Wie fruchtbar ist der Schoß noch, das
Böse zu gebären?

In den Zeitungen wird berichtet, der gute Hans Rosen-
thal habe, als er das einzige Mal seine unsägliche »Dalli-
Dalli«-Sendung mit einer politischen Bemerkung un-
terbrach – wegen eines Treffens der Waffen-SS in Bad
Herzfeld –, eine Flut von Beschimpfungen hinnehmen
müssen, nun wohl auch als Jude erkannt. Wen wundert
es? Aber daß er, der viel zu der Traumwelt der unpoliti-
schen Deutschen beigetragen hat, dies hat erfahren
müssen, dürfte für ihn besonders schmerzlich gewesen
sein. Nun liegt er auf dem jüdischen Friedhof in Berlin
begraben. Wie lange wird sein Grabstein unbeschädigt
bleiben?

Wie tief reicht die Vergangenheit? Die Überschriften
über den Toren, in die wir eingetreten sind, sprechen
ihre eigene Sprache. Von König Wilhelm (von Preußen) über Hindenburg bis zu dem zynischen Satz am
Lagertor von Auschwitz. Der große Theologe Ernst
Käsemann in Tübingen hat einmal zu mir gesagt, es
gäbe drei zuverlässige Eckpfeiler der Reaktion in deutschen Landen: seine hohen Schulen, das Militär und die
Kirchen. Das ist ein sehr bitterer Satz. Aber ich fürchte,
die Erfahrungen, die jeder, der nicht einfach mitlief,
gemacht hat, geben ihm recht. Wer sich vor Augen hält,

wie Lehrer und Professoren – bis auf wenige Ausnahmen – sich in jenen bösen Jahren verhalten haben, von den Generälen zu schweigen, der wird das Bündnis der Reaktion, den Kniefall vor dem Faschismus jeder Prägung mit Händen greifen können. Und was die Amtskirchen angeht – wieder vom Widerstand einzelner und dem ehrenvollen, aber inkonsequenten Weg der Bekennenden Kirche abgesehen –, so liegen inzwischen die erschütternden Dokumente des Abfalls zum Bösen gedruckt vor.

Der Eingangsspruch vom Sonntag, dem 25. Januar 1987, lief ins Leere: »Daß man auf Erden erkenne seinen Weg, unter allen Völkern sein Heil.« Was ist, wenn wir Pfarrer solche Sprüche verlesen? Ich gebe zu, ich spreche den Introitus schon lauter nach dem unerhörten »Im Namen des Vaters«. Ich rette mich zu ihm und halte mich wie an einem Geländer fest. Denn das ist es ja: »Auf Erden« steht hier, im uralten Psalm, nicht irgendwo in einer transzendenten Scheinwelt, nein, hier, hier. Zwischen Waffen und Gift, zwischen König Wilhelm, Aula Leopoldina, Hindenburg, Gefängnis und Auschwitz. Seinen Weg erkennen. Sein Antlitz ahnen als fernen Glanz.

Ich habe nicht die Absicht, noch einmal meine Biographie zu schreiben. Aber die Stationen meines Lebens sind eben die »Eintritte« gewesen, die wir Älteren alle hinter uns haben: die »bürgerliche« Schule, die Wissenschaft an sich, die Kaserne, dann für wenige das Gefängnis und Schlimmeres.

Der Introitus der kirchlichen Liturgie soll die Tür zu einer Welt öffnen, die nicht der Himmel ist. Eine Tür hier auf dieser Erde. Aber eine Tür, über der ein anderer Name steht als die Namen derer, die schon immer – bis hin zu Hitler, Somoza, Pinochet und Botha – Leben zerstörten. Das Furchtbare ist nur, sie haben es alle, in dieser oder jener Form im Namen ihres Gottes getan.

III

KYRIE
MISERERE NOBIS

Herr, erbarme dich über uns.

Ja, mit unserem Sündenbekenntnis beginnt dieser Teil der Deutschen Messe, vom Pfarrer gesprochen, ehe die Gemeinde das Kyrie eleison, das »Herr, erbarme dich«, singt. Texte gibt es, am deutlichsten im Beichtgebet der alten Kirche: »Ich armer, elender, sündiger Mensch bekenne dir alle meine Sünde und Missetat, die ich begangen habe mit Gedanken, Worten und Werken.« Horrende Texte für den modernen Menschen, für jeden, der »Weiter so« machen will, für alle, die das Reich des Bösen immer auf der anderen Seite, nur nicht bei sich selber suchen. Aber nach langen Überlegungen mit dem Verleger und mit Freunden in Berlin hat ja dieses Buch seinen Titel in diesem »Herr, erbarme dich – miserere nobis« gefunden, nicht um besonders gescheit zu erscheinen mit einer lateinischen Überschrift, sondern weil alles, was ich sagen will, wohl damit enden wird: ob wir fähig werden, diesen Satz zu sprechen, und ob er gehört wird. Oder ob die Unfähigkeit zu trauern, längst zu einem auch nur traurigen Schlagwort geworden uns weiter oder immer mehr die Sprache verschlägt, stumm und bleiern macht in einer betonierten Welt aus Energie und Waffen, mit Leistung und Wachstum als oberstem Lebensprinzip und in einem Sumpf von Vergeßlichkeit versinkend.

Die vergangenen Wochen haben ja in besonderer Weise gezeigt, wie tief wir schon in diesem Sumpfe stecken. Seit den unsäglichen Feierlichkeiten am 8. Mai 1985, seit Bitburg und der »Gnade der späten Geburt«, seit den Vergleichen zwischen Gorbatschow und Goebbels, zwischen den Gefängnissen der DDR und einem Kon- zentrationslager, seit den Versuchen bisher angesehe-

ner Historiker, die jüngste deutsche Geschichte als
einen Betriebsunfall hinzustellen, seit der Einstellung
aller Verfahren gegen Mitglieder des Volksgerichtshofs
– oh, wie lang ist die Liste noch? –, seitdem sind die
Verdrängungsmechanismen noch wirksamer geworden. Der Wahlkampf der Unionsparteien – »christlicher« Parteien – war angefüllt mit der schwarzen Brühe
des Vergessens, des Beschwichtigens, der frechen Be-
hauptung, dies alles sei nun hinter uns gebracht, müsse
hinter uns gebracht sein.

Jeder junge Mitarbeiter der »Aktion Sühnezeichen« ist
hier sensibler und nüchterner zugleich als der deutsche
Bundeskanzler oder der bayerische Ministerpräsident.
Natürlich kam dies alles nicht von ungefähr. Die Geschichte der Verdrängung zu beschreiben, könnte dieses Buch füllen. Die Stationen zu benennen, kann vielleicht genügen. Der bedingungslosen Kapitulation folgt
bereits zwei Jahre danach die Verwandlung der besiegten Deutschen in West und Ost in Partner der Sieger.
Keine Zeit zum Nachdenken. Die Bösen waren immer
nur die anderen. Das Böse war stets auf der anderen
Seite: der kapitalistische Imperialismus für die drüben;
bei uns herrschte ein primitiver Antikommunismus.
Die Sieger auf beiden Seiten halfen kräftig mit. Die
Wiederaufrüstung war nur zu haben, indem die ohnehin nur unwillig verurteilten Kriegsverbrecher aus den
Gefängnissen entlassen wurden. Die Währungsreform,
der jäh steigende Wohlstand taten das übrige. Die
Normalität kam so schnell, daß alles, was geschehen
war, wie ein böser Traum erschien. Die Opfer wirkten
nur noch peinlich, die Täter praktizierten im wörtli-

chen Sinne weiter: die Ärzte, die Tausende von Menschen umgebracht, die Juristen, die sich dem Unrechtsstaat gebeugt hatten, die großen Firmen, die durch Hitler reich geworden waren. Auch die Lehrer, die Pfarrer, die im besten Fall geschwiegen hatten. Sie alle waren wieder da, als sei nichts geschehen. Wir haben wieder Soldaten, mehr als vor Ausbruch des Zweiten Weltkriegs im ganzen Reich, nun nur im halben Deutschland. Und: Wir waren auf der richtigen Seite. Endlich auf der richtigen Seite – jeder auf seiner, mit einer der beiden Weltmächte wie Vater und Sohn verbunden, um es höflich auszudrücken. Daß die Siegermächte weiterhin die Herren über ganz Deutschland blieben, wirksamer als nach Versailles, wurde mit einem Netz von Verträgen überworfen, so daß die Scheinsouveränität fast unheimlich wurde. Mein Satz auf dem Hamburger Kirchentag 1981: »Im Ernstfall sind wir ein besetztes Land«, löste eine Welle von Empörung aus. Wie sollte, wenn diese Wahrheit verdrängt wird, Nachdenken möglich sein? Nun, Helmut Kohl und Franz Josef Strauß und der Herr Dregger haben völlig recht, trafen die Grundstimmung genau, als sie dem Vergessen das Wort redeten, schön dosiert natürlich, aber um so wirksamer. Und die großartige Rede des Bundespräsidenten wurde zwar von allen, die noch hören konnten, verstanden, aber eben: Er hat viel zu sagen in Wort und Schrift, aber nichts zu entscheiden, er wirkt für viele fast wie ein erwünschtes Alibi, hinter dem die neuen Deutschnationalen ihre Geschäfte um so ungestörter betreiben können.

Und die Kirchen? Sicher waren sie die einzigen großen Gemeinschaften, in denen ein Innehalten spürbar war. Das Stuttgarter Schuldbekenntnis, das Darmstädter Wort — heute schon fast vergessene Texte — auf evangelischer Seite, die eine oder andere nachdenkliche Äußerung katholischer Bischöfe waren Stimmen von Predigern in der Wüste. Aber auch hier setzte sich auf eine bestürzende Weise der Apparat der Amtskirchen durch. Auch hier blieben bis auf wenige Ausnahmen die selben Leute im Amt, die während der Bedrohung durch den nationalsozialistischen Staat von Kompromiß zu Kompromiß gestolpert waren. Die großen Männer der Bekennenden Kirche wurden zwar Bischöfe und Präsides, aber die Erfahrungen der »illegalen« Bruderräte gingen bald unter im Alltag der Geschäfte — und: die entscheidende Rückwendung zu den alten Formen kam ganz früh: Das Geld, das man brauchte, floß wieder über alte oder neue Gesetze als Kirchensteuer, vom Staat eingezogen, in die Kassen. Die Armut, die wenigstens Teilen der Christenheit über zwölf Jahre so gut getan hatte, war vorbei. Heute sind die Kirchen in der Bundesrepublik die reichsten in der Welt. Vor allem aber: Die hundertfältigen Verbindungen, Verschränkungen mit dem Staat blieben erhalten. Die evangelischen Pfarrerdienstgesetze, ihre Besoldungsordnungen gleichen den weltlichen Gesetzen wie ein Ei dem anderen — wenn man davon absieht, daß an die Stelle des Eides auf die Verfassung die Ordination auf das Evangelium und die Bekenntnisse tritt. Die Pfarrer sind Beamte — wenn auch auf der untersten Stufe des höheren Dienstes. Die Kirchenbehörden sind Verwaltungen, die bis in die

Äußerlichkeiten hinein den Staatsapparat kopieren. Evangelische Freiheiten sind nur noch auf den Synoden zu spüren. Aber sie bewirken nicht viel. Und eine Evangelische Kirche in Deutschland gibt es im strengen Sinne des Wortes bis heute nicht. Da ist ein Kirchenbund, in dem die Stimme einer einzigen Landeskirche jede Reform verhindern kann. Es gab eigentlich nur eine einzige Sternstunde: die Denkschrift zur Lage der Vertriebenen, die den Staat zur Besinnung rief und die Voraussetzungen für die Ostverträge lieferte. Es gab finstere Tage: den Vertrag über die Seelsorge in der Bundeswehr, an der Synode vorbei zwischen Adenauer und Dibelius ausgehandelt. Heute ist die Evangelische Kirche eine geachtete, aber nicht sehr ernstgenommene Großorganisation in der pluralistischen Gesellschaft, die über die tragende politische Partei einen pseudochristlichen Mantel hängt. Sie äußert sich gelegentlich abweichend oder zurückhaltender als die offizielle Politik oder die angeblich schweigende Mehrheit: zur Asylantenfrage, zur Aufrüstung oder zur Leistungsgesellschaft. Aber dies alles wird nur ungern gehört. Bei Politikern, von Helmut Schmidt bis Heiner Geißler, herrscht die Meinung vor, Kirchen und Christen sollten sich mit dem Jenseits beschäftigen, Glauben stärken und der Angst wehren. Das sind biedermeierliche Vorstellungen. Der einzige Platz, auf dem ohne Furcht geredet wird, sind die Evangelischen Kirchentage. Sie haben Anstöße gegeben. Ohne sie hätte es nie die großen sozialen Bewegungen der letzten Jahre gegeben. Aber auch hier verhält sich die Amtskirche eher beschwichtigend und furchtsam. Ich habe es oft genug geschildert. Dies mag genügen als Versuch einer nüchternen Bestandsaufnahme.

Reden wir von Kirche in der Bundesrepublik Deutschland, muß zuerst von der römisch-katholischen Kirche geredet werden. Ich betrete damit gefährliches Gelände. In meinem Weihnachtsartikel für die *Zeit* aus dem Jahr 1986 schrieb ich in einem Nebensatz und eher beiläufig: »In unserem inzwischen gut katholisch gewordenen Land«. Ich erhielt eine große Zahl von empörten Briefen, ob ich zum Konfessionsstreit aufrufen, ökumenische Verbindungen zerstören wolle und den Kulturkampf für notwendig hielte. Ich war über diese Empfindlichkeit erstaunt. Denn ist es für Katholiken eigentlich schlimm, wenn sie hören, ihr Land sei inzwischen katholisch geworden? Und wieso erregen sich Protestanten, wenn man sagt, was der Wirklichkeit entspricht? Es geht mir dabei gar nicht um vordergründige Statistiken. Aber man muß doch zur Kenntnis nehmen, welche Veränderungen seit 1945 eingetreten sind. Das protestantische Preußen existiert nicht mehr. Die DDR hat weithin seine Rolle übernommen. Der Staatssekretär für Kirchenfragen in Ost-Berlin, Klaus Gysi, hat recht, wenn er sagt: »Die DDR ist das einzige Land im Warschauer Pakt mit einer evangelischen Mehrheit.« Die ehemals deutschen Ostgebiete sind nicht nur polnisch, sondern katholisch geworden. Die Bundesrepublik wird geistig geprägt vom katholischen Westen – sie entspricht in ihren Grenzen fast genau dem deutschen Teil des Reichs Karls des Großen. Adenauer kam immer in die Fremde, wenn er über die Elbe nach Berlin fuhr. Bayern, Baden-Württemberg, Rheinland-

Pfalz bestimmen das Klima unserer Republik, typische Rheinbund-Staaten. Das ist mehr als Statistik.

Ich meine vielmehr die erhebliche Stärkung katholischen Denkens und in der Folge auch der katholischen Staats- und Gesellschaftslehre in unserem Lande. Diese Stärkung bedeutet gleichzeitig eine erhebliche Schwächung des deutschen Protestantismus. Der »christliche« Staat, »christliche« Parteien, Schulen, Krankenhäuser, Kindergärten, möglichst auch Universitäten, sie alle sind nur im katholischen Denkmuster möglich. Schon die personelle Zusammensetzung unserer politischen Führungsschicht – übrigens bis in die SPD hinein – ist ein getreuer Spiegel dieser Wirklichkeit.

Ich weiß, gute Liberale, Sozialdemokraten, gar Agnostiker fragen nicht nach der Konfessionszugehörigkeit. Die Frage ist aufgrund solch ehrenwerter liberaler Anschauungen sogar verboten – außer für die Finanzämter. Aber die Folge ist, daß bis in die Landesregierungen überwiegend protestantischer Länder oder die Senate der Stadtstaaten hinein zum Teil katholische Mehrheiten entstanden sind. Das gleiche gilt für die öffentlich-rechtlichen Rundfunkanstalten, Justizbehörden und Universitäten. Wer könnte sich in München einen evangelischen Kultusminister vorstellen? In West-Berlin ist eine Katholikin in diesem Amt tätig.

Dies alles spricht niemand offen aus, weil es zum guten Ton gehört, darüber zu schweigen. Ich spreche es nicht aus, weil ich irgend etwas gegen katholische Christen habe, die ihr Christentum oft viel ernster nehmen als meine evangelischen Konfessionsgenossen. Ich spreche es aus, um eine Tatsache nüchtern zu beschreiben, die das geistige, kulturelle, politische Klima unseres Landes bestimmt. Es ist ein Unterschied, ob ein Bundeskanzler in evangelischer Freiheit erzogen worden ist oder einer Kirche angehört, die mit dem Lehramt des Papstes steht und fällt und hierarchisch gegliedert sein muß, um sich nicht selbst aufzugeben. Nicht die Abendmahlstexte, nicht die Mutter Maria und die guten Heiligen, sondern allein dieser Punkt trennt die Konfessionen, machte alle ökumenischen Bemühungen, soweit sie die Basis verlassen, von oben zunichte. Insoweit ist das jahrelange Tagen von Kommissionen beider Kirchen Augenwischerei. Die katholische Kirche kann gar nicht anders, als auf dem Primat des Papstes zu bestehen. Ich greife dies überhaupt nicht an. Ich stelle es nur fest, traurig und nüchtern.

Wenn dem aber so ist, dann hat diese katholische Grundanschauung eben ihre Auswirkung auf die praktische Politik: Die Herren Zimmermann und Dregger können gar nicht anders, als Ordnung vor bürgerliche Freiheit zu setzen, immer neue Sicherheitsgesetze gegen Demonstranten zu fordern und den geistig-moralischen Scheiterhaufen schüren für jeden, der am Rande der Gesellschaft lebt, alle in einem Feuer: Kommunisten, Terroristen und ihre angeblichen Sympathisanten. Diese Wechselwirkungen zu sehen und zu beschreiben, sollte nicht verboten sein. Die Bundesrepublik Deutschland ist bei allem Verfall christlicher Grundüberzeugungen ein katholisches Land – wie Frankreich, Italien, Spanien auch. Darum hat dieses Buch eine lateinische Überschrift: Miserere nobis.

Das Land ist schwarz geworden.
Kyrie eleison.
Christe eleison.
Kyrie eleison.
Herr, erbarme dich über uns.

IV

GLORIA

Gloria in excelsis Deo et
in terra pax hominibus
bonae voluntatis.

Ehre sei Gott in der Höhe und
Friede auf Erden und
den Menschen ein Wohlgefallen.

Das singen die Engel. Kein Mensch hat so gesungen in der alten Weihnachtsgeschichte, die das Unbeschreibliche zu beschreiben versucht. Glanz, unfaßbarer Glanz, blendend über den Feldern, den zu Tode erschrockenen Hirten, den blökenden Schafen. In jedem Gottesdienst singen es nun Menschen, im strengen, jahrhundertealten Ablauf der Liturgie nach dem »Herr erbarme dich«. Sehr schnell geht das. Fast zu schnell, eine Minute, länger nicht: Gloria. Gloria. (Gloria Victoria?) Hell wird es plötzlich in der Finsternis. Fast zu hell. Ehre, Ruhm dem Namenlosen, Friede, hier, hier auf Erden, Wohlgefallen, wie immer man das griechische Wort eudokia übersetzen mag. Haben die Engel griechisch gesungen? Die Hirten hätten sie nicht verstanden. Die Deutschen heute nur in einer verschwindenden Minderheit. Also: »Wohlgefallen«. So hat es Luther übersetzt. Die anderen Schlüsselworte sind eindeutig: Ehre, Höhe, Frieden, Erde. Im übrigen: niemand war dabei. Lukas, der Arzt, hat sie gestaltet, die ganze Weihnachtsgeschichte, herrlich, unvergeßlich. Bach hat sie in Töne gesetzt: das Weihnachtsoratorium, seine Kantaten zum Fest. Für die meisten von uns nur noch ein schönes Konzert, allerdings ein sehr schönes.

Ich habe als Kind diesen Text zwar auswendig lernen müssen, aber nie gesungen. Die reformierte Hofkirche in Breslau kannte keine Liturgie. Die Scheu, den Namenlosen und seinen Sohn in frommer Religiosität versinken zu lassen, war so groß, daß die Texte nur gelesen wurden. Gesungen wurden Psalmen. Das war erlaubt. Die standen authentisch in der Bibel. Zwingli und Calvin waren strenge Männer. Sie wußten, was passieren konnte, wenn sich die Menschen des Gesanges der Engel bemächtigen. Karl Barth, ihr größter Nachfolger, hat denn seinen Frieden mit der Musik geschlossen. Er meinte, die Engel im Himmel sängen nur Mozart. Den hellsten, reinsten, klarsten. Nach ihm höre die Musik auf. Nach ihm käme nur noch Schwulst und Plüsch.

Ja, die Hofkirche in Breslau. Eine reiche Beamten- und Kaufmannsgemeinde. Preußisch. Friedrich der Große, als Hohenzoller dem Namen nach reformiert, hatte sie gebaut. Seine erste Kirche im eroberten Schlesien. Eine preußische Kirche. Mit Strömen von Blut erkauft. Maria Theresia hörte die Römische Messe. Hätten die beiden geheiratet – was wäre uns erspart geblieben? Ich also hörte als Kind dies alles nicht. Als ich zu verstehen begann, war der König feige geflohen. »Ich habe keinen König mehr.« – Mein Vater hat geweint und diesen Satz gesagt. So war das. 1918 in Preußen. Die Roten waren gekommen. Die Republik war ausgerufen worden von einem Fenster des Reichstagsgebäudes in Berlin, die schäbige Republik. Die evangelische Kirche in Preußen hat sich damit abgefunden. Ihre Pfarrer waren bis auf eine verschwindende Minderheit deutsch-national. Die Katholiken haben es wohl eher verschmerzt. Das Preußen des Kulturkampfes war besiegt. Das katholische Zentrum bildete eine verläßliche Koalition mit den Sozialdemokraten in Preußen, dem Bollwerk der Weimarer Republik, bis 1932.

Die Helle des »Gloria« gab es auch in der Breslauer Hofkirche. Sie war besonders stark in dieser calvinischen Nüchternheit zu spüren. Ich kann es rational

nicht begründen. Die Dimension der anderen Welt
wurde vielleicht gerade dadurch bewußt, daß so wenig
Aufhebens von ihr gemacht wurde. Als ich 1930 konfir-
miert wurde, war der neue Lärm auf den Straßen schon
spürbar. »Die braunen Horden kommen«, sagte man
wohl in den Pfarrhäusern. Aber weniger, weil man ihre
nationalistischen, auch ihre antisemitischen Ziele ver-
warf, sondern einfach, weil sie zu ordinär waren und
das verfemte Wort »sozialistisch« im Namen führten.
Gereicht hat diese Haltung nicht, das Verderben aufzuhalten. Aber immerhin: Die Hofkirche in Breslau wurde
ein Mittelpunkt der Bekennenden Kirche in Schlesien.
Ihr – fast blinder – Pfarrer war ein tapferer Mann. Ich
habe ihm als illegaler Student und Vikar über viele
Jahre gedient. Ich habe in dieser Kirche meinen ersten
Gottesdienst gehalten, das »Im Namen des Vaters«
gesprochen, trotzig, als einen Protest gegen den Namen,
der längst das »Guten Morgen« und »Guten Tag« er-
setzt hatte: »Heil Hitler!«
Den ganzen, herrlichen Glanz des Gloria habe ich
freilich in der tiefsten Dunkelheit erlebt. Weihnachten
1945 in Celle. Der Superintendent der Stadt, ein eher
konservativer, aber der neuen Armut der Tausenden
von Flüchtlingen gegenüber aufgeschlossener und
hilfsbereiter Mann, hatte sich ein großes Geschenk für
uns heimatlose Leute ausgedacht. Die Celler Kantorei
sang zum ersten Mal nach der Finsternis des Krieges
das Weihnachtsoratorium des Johann Sebastian Bach.
Wir Fremdlinge hätten nie einen Platz in der Kirche
gefunden. So öffnete der gute Mann uns am Abend des
vierten Advent diese Kirche. Die Kantorei sang nur für

uns. Ich habe diesen Abend mein Leben lang nicht vergessen. Man hatte für den Flüchtlingspastor und seine Frau zwei Stühle in den Altarraum gestellt. Wir gingen durch den Mittelgang, vorbei an vielen hundert unserer schlesischen, pommerschen, ostpreußischen Landsleute wie durch zwei Menschenmauern. Der riesige Raum war kalt. Die Besucher kaum zu erkennen. Eine große, schwer bestimmbare Erwartung lag über allem: Sehnsucht nach den alten, vertrauten Liedern, Furcht, wie wir sie aushalten würden. Ob wir weinen müßten. Wir setzten uns als letzte, und der Chor begann: »Jauchzet, frohlocket!«

Es riß an den fast zu Stein gewordenen Herzen. Nach diesen Jahren. Nach so viel Schrecken, aus Dummheit und Bosheit geboren, nach so vielen Gräbern, nach der verlorenen Heimat, in der Angst um Vermißte, um Väter, Mütter, Söhne und Töchter. »Gloria, Gloria in excelsis Deo.« Ja, die Engel sangen. Sie sangen in der Weihnachtsgeschichte, die das Unsägliche zu erzählen versucht. Kein Raum in der Herberge für die, die eine ferne Besatzungsmacht zu zählen wünscht. Und: in der Mitte ein Kind, winzig, in Windeln, der Sohn Gottes. Nicht Augustus, nicht Herodes, nicht die Statthalter. Auch nicht die Hohenpriester. Das Kind, der Winzling, ein Bild der Schwäche und Hilflosigkeit. Eine kleine verstörte Familie statt der Behausten und Besitzenden. Und über ihnen: Gloria. Nicht die Waffen der Mächtigen, sondern »Pax in terra«. Auf Erden, das hieß für uns Frieden in unserem Land, dem zerstückelten Land, das Deutschland hieß, in seiner Schande. Die Bilder über das Grauen der Konzentrationslager waren inzwischen jedermann bekannt. Jedermann, der angeblich oder tatsächlich nichts gewußt hatte. Jedermann saß da und hörte: Gloria. Zumeist waren es die Frauen und die Kinder. Wenige Männer waren schon heimgekehrt in die Heimatlosigkeit, in enge Stuben, in Hunger und Arbeitslosigkeit. Auch sie weinten. Die Kirche war naß von Tränen. Keiner, der dies heute liest, keiner mit der Gnade der späten Geburt, soll darüber lächeln. Da war nichts von Sentimentalität. Da war Befreiung. Der Stein löste sich. Gloria Deo. Kein Heil dem Hitler. Sondern Heil dem Namenlosen, der sich nun einen Namen gab, den Namen eines Kindes. Der eine Mutter hatte, Maria, und einen ratlosen Vater, Josef, den Tischler. Sogar die kalte Kirche wurde warm. Wir standen auf und gingen den langen Gang hinaus, an den Gesichtern vorbei, anderen Gesichtern, uns zugewandt. Wir waren fähig geworden zum Trauern. Endlich. Und befreit. Und glücklich. Gloria. Ist dies zu schnell aufs Papier geschrieben? Für diesen Abend stimmte es.

Wie lange hielt diese Befreiung vor? Was bewirkte sie? Spürten wir schon damals, daß ein Krieg zwar beendet, der Friede aber schon wieder verloren war? Pax in terra. Auch der Friede im eigenen Lande, spätestens nach der Währungsreform die Solidargemeinschaft der mehr oder weniger Betroffenen. Vielleicht können das Gloria wirklich nur Engel singen. Wir hören es von ferne. Singen wir es mit, müssen wir wissen, was wir tun, wer wir sind, und daß das Miserere vor dem Gloria liegt.

In meiner ersten Pfarrstelle 1971, nach zwanzig Jahren im Staatsdienst, wurde überhaupt nicht mehr gesungen. (Warum hat die Protestbewegung der Studenten eigentlich keine Lieder gehabt? Nein, sie sangen nicht. Das Ho-Ho-Ho-Tschi-Minh auf den Straßen war rhythmisches Geschrei – zu mehr reichte dieser intellektuelle Aufstand nicht.) Ich saß mit zehn jungen Leuten dieser Generation in einem spartanischen Zimmer einer Baracke in einer der beiden Betonwüsten West-Berlins, der Gropiusstadt. Hätte der weltberühmte Architekt noch sehen können, was Stadtverwaltung und phantasielose Wohnungsbaugesellschaften aus seinen ursprünglichen Plänen – eine weiträumig gegliederte Siedlung im Grünen – gemacht hatten, er hätte wohl den Mißbrauch seines Namens für die Monster aus Beton untersagt. Denn nun standen sie da: Wohntürme bis zu siebzehn Stockwerken, innen und außen kalt, auch in den Fluren und ewig gestörten Fahrstühlen, Wohntürme wie Gefängnisse, gestapelt mit Menschen, die ihre alten Quartiere, die abgerissen wurden, hatten verlassen müssen. Vom ersten Tag an ein riesiger Sozialfall.

Die evangelische Kirche hatte sich entschlossen, statt einer dritten Gemeinde ein sozialpädagogisches Zentrum zu errichten. Drei junge Theologen aus der linken Ecke der Kirche, fünf Sozialarbeiter und das Personal für eine große Kindertagesstätte wurden zusammengespannt mit mir, dem damals bald Sechzigjährigen, dem verhaßten Bürgermeister des 2. Juni 1967, zu einem Team, wie es auf neudeutsch heißt, zu einem Kollektiv, wie es auf der anderen Seite der Mauer geheißen hätte. Jeder hatte alles zu sagen. Ich werde nie vergessen, wie die junge Mannschaft mich in meiner Wohnung in

Schlachtensee besuchte, um mich auf meine Eignung zu prüfen, dieser Unternehmung als »Leiter«, der nicht mehr sein sollte als alle anderen, vorzustehen. Es wurde ein stundenlanges Verhör, das ich eigentlich hätte abbrechen müssen, aber ich blieb sitzen und ließ mich ausfragen, und am Schluß verständigten wir uns, es miteinander zu versuchen. Wir blieben drei Jahre zusammen. Wir mögen uns heute noch. Es wurde der schwierige Versuch, einen Mann aus Nazizeit, Krieg und Nachkriegszeit mit diesen Menschen voller Hoffnungen, barer Utopie und chaotischem Arbeitsstil einem Ziel zu verpflichten: den Familien in der steinernen Welt ihrer neuen feindseligen Behausungen zu etwas mehr Menschlichkeit zu verhelfen.

Ein Jugendkeller in Selbstverwaltung für mehr als hundert Leute, gefährdet durch Alkohol und Drogen, immer wieder im Konflikt mit Polizei und Gerichten. Dies forderte eine Solidarität mit denen »ganz unten«, die oft kaum durchzuhalten war. Aber uns brachte sie — wenn auch in oft endlosen, mühseligen Gesprächen — zusammen. Die intellektuelle Theologie der anderen hielt da so wenig stand wie meine pragmatischen Erfahrungen. Aber — Gloria — auch ohne Lieder und Gottesdienste, mißtrauisch betrachtet von Nachbargemeinden und den Aufsichtsgremien, wurde die alte Baracke wirklich ein »Haus der Mitte«; so hieß sie nämlich von Anfang an. Ich gebe zu, das »pax in terra«, das »Friede auf Erden« war in den kirchlichen Auseinandersetzungen wichtiger als das Lob Gottes. Aber ich habe die Nähe des Nazareners selten deutlicher empfunden als in diesen Jahren. Und das Merkwürdigste:

Das kleine Haus steht und arbeitet heute noch, winzig und zerbrechlich, zwischen den Betonriesen eingeklemmt. Die 67er-Generation ist längst ausgezogen. Die Theologen arbeiten als engagierte Pfarrer in schwierigen Stadtgemeinden. Manchmal denke ich, hier ist eines der wenigen positiven Beispiele übriggeblieben aus der Zeit mit dem Geschrei auf den Straßen, sozusagen der Gegenpol zur Rote-Armee-Fraktion. Und Ulrike Meinhof, lebte sie noch, hätte wohl auch ihre Freude an ihm. Denn so hatte sie ja begonnen, ehe sie in den Teufelskreis von Waffen und Sprengstoff geriet.

»Gloria«, noch einmal ohne Gesang. Ohne Messe. Ohne Jubelchöre.

Gloria in excelsis Deo. Gott, dem Namenlosen, im Namen Jesu und des Geistes.

V

EVANGELIUM

Die gute Nachricht

Als aber Jesus nach Kapernaum hineinging, trat ein Hauptmann zu ihm, der bat ihn: Herr, mein Diener liegt zu Hause und ist gelähmt und leidet große Qualen. Jesus sagte zu ihm: Ich will kommen und ihn gesund machen. Der Hauptmann antwortete: Herr, ich bin nicht wert, daß du unter mein Dach gehst, sondern sprich nur ein Wort, so wird mein Diener gesund. Denn auch ich bin ein Mensch, der einer Macht untersteht und habe Soldaten unter mir; und wenn ich zu einem sage: Geh hin!, so geht er; und zu einem andern: Komm her!, so kommt er; und zu meinem Sklaven: Tu das!, so tut er's.

Als das Jesus hörte, wunderte er sich und sagte zu denen, die ihm folgten: Wahrlich, ich sage euch: Solchen Glauben habe ich in Israel bei keinem gefunden! Aber ich sage euch: Viele werden kommen vom Osten und vom Westen und mit Abraham und Isaak und Jakob im Himmelreich zu Tische sitzen; aber die Kinder des Reichs werden in die Finsternis hinausgestoßen; da wird Heulen und Zähneklappen sein. Und Jesus sagte zu dem Hauptmann: Geh hin; dir geschehe, wie du geglaubt hast. Und sein Diener wurde gesund zu derselben Stunde.

(Matthäus 8, 5—13)

Texte, Texte, Geschichten, Geschichten. Wie gut haben es die Theologen aller Zeiten, daß sie sich an Texte halten können. Die anderen Leute, die Reden halten, Bücher schreiben müssen, haben solche Texte nicht. Und wenn sie welche haben, können diese sich plötzlich ändern. Gesetze, Verfassungen, die großen Lehrbücher der Ideologien. Sie dürfen sich an ihnen begeistern oder sie verwerfen. Sie sind ermächtigt, sie zu ergänzen. Dann wird aus einem Grundgesetz der Freiheit plötzlich eine Notstandsverfassung. Oder sie reden frei. Ganz frei.

Aber hier sind Geschichten. Geschichten. Die des Alten Testaments. Jahrtausende alt, die der Evangelien nicht viel jünger. Die Texte sind unverändert geblieben. Sie wurden erklärt, in ihre Umwelt eingeordnet, immer wieder neu übersetzt, in alle Sprachen der Welt. Aber sie blieben. Jesus schon kannte die Geschichten von Abraham, Isaak und Jakob. Er erinnert sich an sie in unserem Evangelium. Die erste Gemeinde in Rom hatte vielleicht schon von dem seltsamen Hauptmann von Kapernaum gehört. So alt sind sie, die Geschichten. Von Mund zu Mund erzählt, abends, wenn die Nacht begann. Schließlich aufgeschrieben. Unsere Geschichte gibt es in drei Varianten. Sie unterscheiden sich in diesem und jenem. So wie sich heute Geschichten unterscheiden je nach dem, wer sie erzählt. Wenn ich sie vorlese am Altar, langsam und deutlich und Wort für Wort, denke ich an sie alle, die sie schon vor mir gelesen haben, und an die, die jetzt, zur selben Stunde in allen Kirchen, dieselbe Geschichte lesen, in allen Sprachen. Es sind herrliche Geschichten. Ja, zunächst einmal Weltliteratur. Wer sie nicht kennt, ist auch mit Goethe und Fontane und Max Frisch ein armer Mensch. Ich liebe sie, weil sie so schön sind. So ohne Umschweife. So nüchtern und so voller Phantasie. Es stört mich überhaupt nicht, wenn ich in einem klugen Kommentar lese, diese Geschichte habe so nicht stattgefunden, ja, sie sei erfunden worden zu diesem oder jenem Zweck. Welche Geschichten haben denn so stattgefunden, wie sie erzählt werden? Welche verändern sich nicht durch die Erzählung? Welche erfundenen sind weniger wahr als die angeblich wirklichen Geschichten? Die Geschichten, von denen ich rede, haben über Jahrtausende Menschen bewegt, aufgeschreckt, getröstet, verändert. Indem ich sie lese, verändere ich mich auch. Ich bin der Hauptmann von Kapernaum. Ich bin sein Diener. Ich bin einer der Gefährten, die diese Geschichte erlebten und das Gespräch hören zwischen dem Menschen, der ein Offizier der Besatzungsmacht ist, und dem einen unbeschreiblichen Menschen, von einem römischen Statthalter zum Tode verurteilt, nach dessen qualvollem Tod wiederum ein römischer Hauptmann sagen wird: »Wahrlich, dieser Mensch ist Gottes Sohn gewesen.«

Ich lese also die herrliche Geschichte. Am Altar. Ich stelle mir vor, ich hätte sie am 25. Januar 1987 lesen müssen, am 3. Sonntag nach Epiphanias. Am Tag, an dessen Ende der Mann aus Oggersheim wieder Kanzler werden konnte. Und ich hätte über sie zu predigen gehabt. Eine theologische Zeitschrift hat mich vor der Wahl gebeten, einen Aufsatz zu schreiben.

Predigt an die Prediger zum 25. Januar 1987

»Eigentlich möchte ich raten, sich auch an diesem Sonntag schlicht an den empfohlenen Predigttext zu halten. Ich weiß, was ich damit sage. Denn ich habe es selbst erlebt, wie am 20. August 1961, also am Sonntag nach dem schlimmen 13. August, mein Gemeindepfarrer sich an seinen Predigttext hielt, freilich ohne auch nur mit einem Wort auf das einzugehen, was am Sonntag zuvor die Stadt erschüttert hatte. Das war schlimm damals. Dennoch: daß wir uns – eine Bundestagswahl ist ja nicht mit der Mauer zu vergleichen – unbeirrt an den Auftrag halten, der uns auch an einem solchen Sonntag gegeben ist, scheint mir unverzichtbar. Der Text handelt die Geschichte vom Hauptmann von Kapernaum ab. Ich liebe diese Geschichte sehr. Und zwar auch wegen der Unbefangenheit, mit der hier der Herr mit einem Menschen umgeht, der »im Dienst des Königs« steht. Wie gehen wir mit denen um, die im öffentlichen Dienste stehen? Es ist ja eine böse Tradition, daß in unseren Gottesdiensten höchstens einmal anonym im Fürbittengebet die »Obrigkeit« vorkommt. Vielleicht, weil wir uns immer noch nicht daran gewöhnt haben, daß es keinen Kaiser und König mehr gibt. Wie sollten wir also die beim Namen nennen, um die es sich heute handelt? Die Regierenden und die Opponierenden und bitte dann nicht nur den über allen Wassern schwebenden Bundespräsidenten. Aber auch er wird ja nie erwähnt. Nun, dies ist vielleicht eine sehr weit hergeholte Verbindung zwischen der alten Geschichte und dem 25. Januar 1987.

Aber sich einen Text auszusuchen, der zu dem Ereignis einer wichtigen Wahlentscheidung paßt, bleibt immer gefährlich. Und was willst du empfehlen? Eine konkrete Wahlempfehlung darfst du nicht geben – das darf nur der unsägliche Kardinal Höffner –, auch wenn die Leute vielleicht wissen – ich sage: hoffentlich wissen –, wohin du politisch gehörst. Aufzuzählen wären also die Sachthemen, um die es sich bei der kommenden Entscheidung handelt. Und die sind – wiederum hoffentlich – in deinen Predigten ja doch wohl über das laufende Jahr vorgekommen: Mord an Menschen und Tieren und Pflanzen, Umgang mit Minderheiten, soziale Gerechtigkeit, was immer das sei, und, wenn möglich, sogar ein Stück Anstand auch im politischen Umgang miteinander. Denn es gibt keine Predigt, die nicht auch die politische Dimension berührt. Und von Personen ist noch schwieriger zu reden, auch wenn es sich diesmal um einen engagierten Protestanten und einen Bilderbuch-Katholiken handelt. Entsetzlich, wenn das einer aussprechen würde. Denn wir haben uns ja daran gewöhnt, in einem allgemeinen ökumenischen Palaver zu übersehen, daß aus der Bundesrepublik Deutschland längst ein katholischer Rheinbundstaat geworden ist.

Nun sind sicher manche erstaunt, daß ausgerechnet ich so zurückhaltend und vorsichtig in meinen Ratschlägen bin. Aber ich bleibe dabei, daß die »politische Predigt« keine Sache des Wahltages ist. Wer das Jahr über auf der Kanzel steht und Texte auslegt, zeitlos ausgewogen und ohne Roß und Reiter zu nennen, der soll dies auch am Wahltag so tun. Und die anderen, hoffentlich die Mehrheit von uns Predigern, die dies vermieden haben, können auch am 25. Januar 1987 fröhlich bei ihrem Evangelium bleiben. Und die Gemeinde versteht dann auch, wovon die Rede ist. Vermutlich wird sich der Sonntag nach dem Wahltag sehr viel mehr dafür anbieten, zu sagen, was nun für einen Christen nötig ist.«

(Zeitschrift für Gottesdienst und Predigt, 1/87)

Das habe ich ja dann versucht mit der Geschichte vom Schiff und dem See und Petrus, der ins Wasser fällt.

Es ist sehr schwer, sich an einen Text zu halten. Ich kann und will hier nicht die Geschichte evangelischer Predigten schreiben. Aber sie sind ein getreues Spiegelbild dieser Schwierigkeiten. Das einfachste ist, so zu tun, als rede man im luftleeren Raum. Es gibt Predigten, die hätten ebenso 1910 wie 1930 wie 1940 wie 1960 gehalten werden können. Sie strotzen von theologischen Richtigkeiten und sind so langweilig, daß man sie schon beim »Amen« vergessen hat. Es gibt Predigten, da wird ein Text gelesen. Und der kommt dann 20 Minuten lang überhaupt nicht vor. Es gibt »Thema«-Predigten. Das sind die schlimmsten. Und es gibt den Versuch, die Geschichten schlicht nachzuerzählen. Das sind die redlichsten. Oft ist es gar nicht nötig, den Bezug zur Welt, in der wir heute leben, deutlich auszusprechen. So nah ist die Geschichte.

Predige ich über Pharao und den Auszug der Kinder Israels in die Freiheit, oder ihren Marsch durch die Wüste, oder über den Tanz um das Goldene Kalb, brauche ich nichts hinzuzufügen. Selbst die Seligpreisungen der Bergpredigt kann man vorlesen, ohne viel dazu zu sagen. Die Gegenwelt zu unserem Alltag ist so massiv und mit Händen zu greifen, daß man danach am besten schweigt. Das ist Sprengstoff. Bringe ich ihn unter die Leute, merke ich, wie die schlafenden Hunde erwachen. Ich erinnere an die frühen 80er Jahre und die Diskussion über die Frage, ob man mit der Bergpredigt regieren könne. Die Empörung der christlichen Parteien bis zu Helmut Schmidt war einhellig. Dabei war von

Regieren gar nicht die Rede gewesen, nur von Anhören und Nachdenken und der Bitte, mit seinem Gerede über Sicherheit nicht so sicher zu sein. Im übrigen handelt es sich ja nicht nur um biblische Texte, die schon dadurch unbequem werden, indem man sie einfach vorliest:
»Die Würde des Menschen ist unantastbar.« Ich dachte an diesen Satz, als mir beim Besuch eines Gefangenen in Stammheim ein Beamter in die geöffnete Hose greifen mußte.
»Alle Menschen sind vor dem Gesetz gleich.« Ich denke daran, welcher Unterschied zwischen einem Lkw-Fahrer besteht, der tagelang eine internationale Grenze blockiert und von Herrn Strauß aufmunternd besucht wird, und einem Studenten, der sich fünf Minuten auf eine Zufahrtsstraße zu einem US-Raketenlager setzt.
»Jeder hat das Recht, seine Meinung in Wort, Schrift und Bild frei zu äußern.« Ich denke an die Kette von Eingriffen in die Unabhängigkeit von Rundfunk- und Fernsehredaktionen.
»Das Briefgeheimnis sowie das Post- und Fernmeldegeheimnis sind unverletzlich.« Ich verweise hier nur auf Berlin (West), wo bis heute ohne jede Kontrolle jedes Telefongespräch von den Besatzungsmächten abgehört werden kann – mit kräftiger deutscher Mithilfe.
»Politisch Verfolgte genießen Asylrecht.« Hier ist jeder Zusatz unnötig.
Man muß also sehr vorsichtig sein, Texte wörtlich zu nehmen. Theologen und Juristen haben diese Texte jeweils so scharfsinnig interpretiert, daß sie schließlich einem abgenagten Skelett gleichen.
Ich habe, je älter ich werde, gelernt, alles, was ich zu

lesen und zu erklären hatte, so wörtlich wie nur irgend
möglich zu nehmen. Ich habe den Eindruck, daß unsere Welt auch daran zugrunde gehen kann, daß wir nicht
mehr lesen, was zu lesen ist, und nicht mehr hören, was
jeder hören kann, und nicht mehr sagen und schreiben,
was wir gelesen und gehört haben.

Ich will also versuchen, in der Predigt die Geschichte
vom Hauptmann von Kapernaum zu erzählen, wie ich
sie erzählt hätte am 25. Januar 1987, morgens, als die
Wahllokale gerade geöffnet hatten. Nachher, nach dem
Credo, wie es sich gehört.

VI

CREDO

Credo in Deum,
Patrem omnipotentem,
Creatorem cæli et terræ.
Et in Iesum Christum,
Filium eius unicum, Dominum
nostrum:
qui conceptus est de Spiritu Sancto,
natus ex Maria Virgine,
passus sub Pontio Pilato,
crucifixus, mortuus, et sepultus:
descendit ad inferos:
tertia die resurrexit a mortuis;
ascendit ad cælos;
sedet ad dexteram Dei
Patris omnipotentis:
inde venturus est
iudicare vivos et mortuos.
Credo in Spiritum Sanctum,
sanctam Ecclesiam catholicam,
Sanctorum communionem,
remissionem peccatorum,
carnis resurrectionem,
vitam æternam. Amen.

Ich glaube an Gott,
den Vater, den Allmächtigen,
den Schöpfer des Himmels und der Erde,
und an Jesus Christus,
seinen eingeborenen Sohn, unsern Herrn,
empfangen durch den Heiligen Geist,
geboren von der Jungfrau Maria,
gelitten unter Pontius Pilatus,
gekreuzigt, gestorben und begraben,
hinabgestiegen in das Reich des Todes,
am dritten Tage auferstanden
von den Toten,
aufgefahren in den Himmel;
er sitzt zur Rechten Gottes,
des allmächtigen Vaters:
von dort wird er kommen,
zu richten die Lebenden und die Toten.
Ich glaube an den Heiligen Geist,
die heilige katholische Kirche,
Gemeinschaft der Heiligen,
Vergebung der Sünden,
Auferstehung der Toten
und das ewige Leben. Amen.

Ich glaube, es war richtig, Berlin zu verlassen und nach Bremen zu ziehen. Ich glaube, es war richtig, am 25. Januar 1987 die SPD oder die Grünen zu wählen. Ich glaube, es ist richtig anzunehmen, daß die neue Seuche Aids den Polizeistaat in der Bundesrepublik Deutschland ein kräftiges Stück voranbringen wird. »Ich glaube« drückt ja, so gesprochen, seltsamerweise eine Einschränkung, eine leise Unsicherheit aus.

War es nicht wirklich richtig, der schlechten Luft in West-Berlin nach einunddreißig Jahren endlich den Rücken zu kehren? Hätte ich vielleicht am Wahltag nicht lieber zu Hause bleiben sollen, von keiner Partei mehr überzeugt? Ist Bayern tatsächlich ein Beispiel dafür, wie der Polizeiminister über Nacht den Gesundheitsminister ersetzen kann? Ich glaube, weil ich es nicht genau weiß? Wo das Wissen aufhört, fängt der Glaube an? Credo, quia absurdum? Ich glaube, weil es unglaublich ist?

Ich glaube. Wieso ich? Werden mir hier nicht Texte angeboten von allen Weltreligionen, von den großen Lehrsystemen der Philosophie, von den Ideologien der Leistung, der Ausbeutung, der Befreiung von Ausbeutung? Kommt hier nicht ein unheimlicher Zwang auf mich zu, der mich ausgrenzen will? Als Ketzer verbrannt, als Abweichler ausgeschlossen, als Feind der freiheitlich-demokratischen Grundordnung mit Berufsverbot belegt, als Terrorist für immer und ewig gebrandmarkt? In die Ecke gestellt, zur Unperson gemacht? Und ist nicht das uralte Credo der christlichen Kirchen der Vater all dieser Verfolgung über die Jahrhunderte hinweg? Die Wurzel aller Intoleranz? Macht es nicht geradezu unmöglich, noch irgendwo unbefangen zu sagen: Ich glaube?

Wenn ich das Wort zu gebrauchen wage, am Ende eines stundenlangen Geprächs mit Menschen ohne Hoffnung, ohne eine erkennbare Zukunft, über die Verhältnisse in diesem Lande am Abend eines Wahltages — ja, ja, niemals wird Vernunft in diesem Volke eine Mehrheit finden, niemals wird es mehr Menschlichkeit geben, als es das Geschäft erlaubt, niemals mehr Freiheit, als auf den Autobahnen sich selbst und andere zu Tode zu rasen, niemals, niemals —, und ich dann sage: Ich glaube, dann bedeutet dies: Ich denke nicht daran, meine Hoffnung fahren zu lassen, meinen Kampf aufzugeben, meinen Mund zu halten, dieses Buch nicht zu Ende zu schreiben, ins Angesicht der Unvernunft hinein, dann werde ich schon sehr genau begründen müssen, warum ich es sage.

Zunächst — und das scheint mir ganz wichtig zu sein —: das Credo, das alte Bekenntnis, jedes Bekenntnis, wenn es denn ernst gemeint sein soll, beginnt mit dem Wort: Ich. Da ist zwar von Gott und Christus und dem Heiligen Geist und der Kirche die Rede, von Himmel und Erde und Hölle und Ewigkeit, doch das erste Wort heißt: Ich. Ich werde in Anspruch genommen. Hier werden also keine theologischen Richtigkeiten aufgesagt, die mich so viel oder so wenig angehen wie die Geschichtszahlen der deutschen Kaiser oder eine chemische Formel. Hier sage ich kein Gedicht auf, das ein anderer geschrieben hat, hier werden auch keine Naturgesetze beschrieben, die sich im Widerspruch befinden zu den jeweiligen Erkenntnissen der Wissenschaft, sondern hier komme ich selbst, ich selbst als erster ins Spiel. »Ich glaube« meint mich selbst. »Ich glaube« ist der sicher höchst unvollkommene, hilflose Ausdruck einer unbeschreiblichen Veränderung dieses Ich. Ich sitze auf der Straße vor den Toren des Vernichtungslagers von Mutlangen. Ich sitze da und sage: Das ist richtig und nötig. Ich bleibe sitzen, auch wenn mich die Polizei auffordert zu gehen. Ich glaube, dies ist richtig und nötig. Ich sage dies. Ich sage dies auch meinem Richter in Schwäbisch Gmünd. Indem ich es sage, bin ich verändert. Ein anderer, als der ich vorher war. Da geht es nicht um eine Formel. Da geht es um ein anderes Leben. Credo ist immer Handlung. Tun, aufrechter Gang.

Das gilt nun keineswegs nur oder gar in erster Linie für das Credo der Kirche. Wir wissen, wie oft sie ihr Credo verraten hat. Im Widerstand gegen Hitler haben Atheisten das große Blutopfer gebracht, aufrecht bis zum Galgen. Es gibt das fast vergessene Wort Jesu: »Es werden viele nein sagen und ja tun, und viele ja sagen und nein tun.« Aber zur Kenntnis zu nehmen, was das »Credo in Deum« bedeuten könnte, sollte in einem sich christlich nennenden Land nicht ausgeschlossen sein.

**Ich glaube an den einen Gott, den Vater, den Allmächtigen,
der alles geschaffen hat, Himmel und Erde, die sichtbare
und die unsichtbare Welt.
Und an den einen Herrn Jesus Christus, Gottes
eingeborenen Sohn.
Und an den Heiligen Geist, der Herr ist und lebendig macht.**

Glauben heißt neu anfangen. Es ist jetzt schon Monate
her. Die kleine Straße in Berlin-Schlachtensee. Der
kalte, nasse Abschiedstag. Wir stehen vor der Garten-
tür, meine Frau und ich, die Tochter, die Freunde. Der
Lastzug mit den Möbeln hat sich in Bewegung gesetzt,
langsam fährt er an, den kurzen Weg bis zur Hauptstra-
ße, biegt nach rechts ab, verschwindet aus unseren
Augen. Nichts – eine leere Straße, vor uns das Auto, das
uns nach Bremen bringen soll, eine leere Wohnung,
hallend und fremd, ein fast toter herbstlicher Garten,
der Hund längst in guter Hut am anderen Ende der
Stadt. Würgen im Hals. Fast alle haben gesagt: Du bist
verrückt. Alte Bäume verpflanzt man nicht. Du wirst
vor Heimweh sterben. Du bist Berliner. Was ist Bremen? Eine Provinzstadt. Du gehörst zu uns.
Die Fahrt durch die DDR in strömendem Regen. Regi-
ne fährt uns dem neuen Leben entgegen. Dem Haus, in
dem ich jetzt an demselben Schreibtisch sitze wie in
Berlin, umgeben von den alten Möbeln, Büchern, Lam-
pen. Als wir ankommen, feiern die alten Leute gerade
ein großes Fest. Musik, Tanz empfängt die müden
Auswanderer – wir werden in ein Gästezimmer geführt.
Blumen, Wein, Wärme. Die erste Nacht noch wie in
einem Hotelbett. Unsere Kinder helfen die nächsten

70

Tage beim Einräumen. Langsam, langsam beginne ich zu begreifen: Hier ist jetzt dein Zuhause, dein vorletztes, vor dem letzten, von dem du nichts mehr spüren wirst. Du hast einen Schritt getan ins Ungewisse, mit der großen Hoffnung, daß es gewiß werden könnte. Jetzt, nach vier Monaten, sitze ich hier und schreibe ein Buch in einem anderen Haus, einem schönen Haus mit vielen Menschen, die du täglich siehst, mit alten Menschen, die noch leben, wirklich bewußt leben, und anderen, sehr mühseligen, schon fast erloschenen. Du gehörst jetzt in diese große Gemeinschaft. Aber du kannst die Tür hinter dir schließen und bist allein, mit deiner Frau, wenn sie dich besucht, aus ihrer kleinen Wohnung zu mir kommend, oder ich zu ihr, auch hier ein ganz neuer Anfang.

Und die andere Stadt, ganz andere Stadt. Nach der Zerstörung wieder heil, ungeteilt im offenen, mir so vertrauten niedersächsischen Umland, mit einem der schönsten Marktplätze Europas, protestantisch, liberal, sozialdemokratisch, grün. Nichts Schwarzes zu spüren. Ja, ich lebe mich ein. Der gefährliche Versuch eines neuen Anfangs scheint gelungen. Ich atme nicht nur mit meiner Lunge freier als in Berlin. In der Freien und Hansestadt Bremen.

Also: glauben heißt neu anfangen. Die uralten Geschichten aus der verschwimmenden Frühzeit: Abraham zieht aus, »in ein Land, das ich dir zeigen werde«; Jakob zieht aus in die Fremde, vierzehn Jahre in die Fremde; Josef wird verkauft nach Ägypten, Mose mit seinem Volk in die Wüste geschickt. Alles sind Auszugsgeschichten, alles sind Glaubensgeschichten. Die Geschichte der Menschheit wäre in der Steinzeit erstarrt, hätte es nicht immer wieder diese Auszüge gegeben. Johann Hus und Martin Luther und Jean Calvin, die Hugenotten und die Salzburger Emigranten, die Männer und Frauen der Französischen Revolution, Büchner und Heine und die Tausenden, die in die Neue Welt gingen. Ja, auch die zwangsweisen Auszüge haben neues Leben gebracht. Was wäre die Bundesrepublik ohne die Vertriebenen, was die entleerten früheren deutschen Ostgebiete ohne die Polen aus Galizien?

Und dann zogen sie aus, die Jungen, die Achtundsechziger. Aus den Häusern der Eltern, aus den alten Parteien, aus den Universitäten und Kirchen. Auf die Straßen und Plätze. Vor die Tore von Mutlangen und Wackersdorf. Und viele Alte mit. Das hat auch geschmerzt. Auch wenn viele so taten, es wäre leicht. Aber es war in jedem Fall ein Stück Befreiung. Und ein Stück großes Vertrauen in eine mögliche Zukunft.

Das Seltsame ist nun, daß der namenlose Gott, der Eine, der Vater, der Allmächtige, der alles geschaffen hat – so der Text des Credo –, mit seinem ersten Gebot, nach dem Bericht über Mose auf dem Gipfel des Sinai unter Donner und Blitz, genau von dieser Befreiung, diesem Auszug geredet hat: »Ich bin der Herr, dein Gott, der ich dich aus Ägyptenland, aus dem Sklavenhause geführt habe.« Befreiung also. Befreiung zu einem Grundvertrauen. Befreiung von allen anderen Göttern. »Du wirst nicht andere Götter haben neben mir.«

Ich unterbreche, wovon schreibe ich? Wie schreibe ich? Wie auf einer Kanzel am Sonntagmorgen. Aber ich schreibe gerade zwischen den Nachrichten des Tages, zwischen Büchern und Gesprächen, die alles zu widerlegen scheinen: Vertrauen, Grundvertrauen, Hoffnung. Der Kindler Verlag hat eben ein Buch herausgebracht: »Furchtbare Juristen – Die unbewältigte Vergangenheit unserer Justiz« von Ingo Müller. Ich habe es gestern bis in die Nacht hinein gelesen. Da ist nichts Neues für den, der sehen und hören konnte: der akademische Stand, der am frechsten leugnete, was war, und was er angerichtet hatte. Aber das Neue ist die Fülle der Namen und Tatsachen, die Kühle, gar nicht wertende, nur durch die Dokumentation wirkende Enthüllung eines Denkmals deutschen Unverstandes und bürgerlicher Feigheit – und vor allem der Beweis für eine zynische Kontinuität der reaktionären Grundgesinnung und eines funktionierenden Verdrängungsmechanismus, der die Täter zu Opfern und die Opfer zu Tätern verwandelte. Das Buch ist aber auch ein Zeugnis für unser Versagen, unser aller Versagen, die wir als Deutsche meiner Generation die Reinigung versäumt, ja mit absurden Gesetzen verhindert haben, und das groteske Verlangen der Sieger, die, weil sie den Frieden verloren hatten, nun meinten, jedermann auf ihre Seite zum Kampf gegen die Rote Gefahr zu ziehen, nicht nur die besiegten Hitler-Generale, sondern eben auch diese: Richter, Staatsanwälte, Lehrer des Rechts, die fröhlich, fast bis in die wörtliche Wiederholung hinein, ihr reaktionäres Weltbild in Recht umsetzten. Statt »Führer und Reich« wurde die »freiheitlich-demokratische Grundordnung« gesetzt. Und alles blieb beim alten: dem Kampf gegen Liberalität, gegen alles, was links

erscheint, letzten Endes gegen die Gleichheit vor dem
Gesetz. Die wenigen Lichtblicke – Urteile des Bundes-
verfassungsgerichts, ein paar andere Urteile – erstick-
ten im »Weiter so« der Herren in den schwarzen und
roten Roben, die sich vor allem selbst freigesprochen
hatten von aller Schuld.
Nichts Neues. Nein, aber ein kräftiger Stoß in meine
Reden vom Vertrauen hinein. Wem sollen wir vertrau-
en? Wie soll in diesem Volke Änderung bewirkt werden? Haben die nicht recht, die nur noch mit Maschi-
nengewehren und Sprengstoff verändern wollen –
macht kaputt, was euch kaputt macht –, oder die
anderen, die sich nur noch zu amüsieren wünschen,
Karriere machen, Geld verdienen wollen. Beides Aus-
steiger aus der Wirklichkeit.
Muß ich nicht wie Günter Anders von seinem sicheren
Schreibtisch in Wien und ohne persönliches Risiko
aufrufen zur Gewalt? Ich habe ihm öffentlich wider-
sprochen. Aber wie lange ist das durchzuhalten?
Auch das Volk Israel in der Wüste wollte nicht mehr.
Noch ist Mose auf dem Berg und hört von dem Einen,
den er nicht sieht und dessen Namen er nicht kennt, das
Gebot der Befreiung, da tanzt das Volk unten um das
Goldene Kalb, will zurück in die Sklaverei, heraus aus
der Wüste, zurück, zurück. Lieber zu den Fleischtöp-
fen Ägyptens als in die ungewisse Zukunft, in das Land,
das es nicht kennt, lieber weiter so, wie früher, als die
Strapazen eines geduldigen Marsches in ein neues
Leben.
Geduld. Da ist das Wort. Das gefährliche Wort Geduld.
Wo wir doch ungeduldig sein müssen. Langer Atem. Wo

uns anscheinend bald die Luft ausgeht. Nun, ich komme nicht vom Berge Sinai in das tanzende Volk, aber ich fahre fort, davon zu reden, unbeirrt, zuerst auch zu mir selbst.

Denn das Credo bleibt ja nicht im Namenlosen stecken. Es redet von einem Menschen. Es holt Verzweiflung und Hoffnung, Angst und Zuversicht ins Menschliche herunter. Aus dem namenlosen Gott wird ein Name. Der, der keinen Namen hat, heißt nun wie du und ich. Er wird empfangen. Er wird geboren, er stirbt, er wird begraben wie du und ich. Er hat einen Ort und ein Land, in dem er lebt. Er hat Vater und Mutter. Er hat Geschwister. Er ißt und trinkt. Er schläft. Er kann weinen. Er hat seine Geschichte zwischen Geburt und Tod in der Geschichte der Menschheit. Zwei Menschen werden im Credo neben Jesus genannt: Maria und Pilatus. Die, die ihn gebar, und der, der ihn zum Tode verurteilte. Zwischen den beiden Namen steht nichts als ein Komma und das Wort »gelitten«. Atemlos, ohne sich bei Leben und Lehre aufzuhalten, stürzt das Credo von der Geburt über das Leiden in den Tod. Aber der Gehende ist ein Kommender, wie er ein Sterbender war, als er geboren wurde. Die tiefste Finsternis endet in einem unfaßbaren Licht. »Des Reich kein Ende haben wird.«

So werde ich von ihm reden dürfen, reden müssen. Was sie mit ihm angestellt haben, die Christen. Wie sie ihn bis zur Unkenntlichkeit versteckt haben.

Und so kommt jetzt die Predigt.

VII

PREDIGT

»Da sitzt ihr nun, liebe Freunde, in unserem Gemeinde-
saal, in einem großen Kreis. Es ist der 25. Januar 1987,
um 10 Uhr morgens. Die Wahllokale haben seit zwei
Stunden ihre Türen geöffnet. Von denen, die jetzt hier
beieinander sind, in diesem Raum, durch dessen Fenster die Wintersonne eine fast sommerliche Wärme
bringt, hat kaum einer gewählt. Es ist ja schon schwierig genug, am Sonntagmorgen pünktlich um 10 Uhr in
einem Gottesdienst zu sein. Vielleicht fahrt ihr – fast
alle habt ihr eure Autos vor der Tür – nachher am
Wahllokal vorbei. Vielleicht seid ihr so enttäuscht in
allen euren Erwartungen, daß ihr überhaupt nicht
wählt. Ein paar merken jetzt erst, daß heute Wahltag
ist. Was geht dies euer Leben an, eure Ehe, eure
Freundschaft, euren Beruf, eure Kinder, eure Einsamkeit? Ihr erwartet jetzt jedenfalls keine Wahlrede, keine
Sprüche, keine Versprechungen. Ihr habt die alte Geschichte gehört. Ich soll sie euch erzählen, erklären, in
euer Leben hineinholen. So weit weg liegt sie, so alt ist
sie.
›Als aber Jesus nach Kapernaum hineinging...‹ Matthäus, der uns die Geschichte erzählt, hat sie ganz an
den Anfang seiner Berichte über diesen merkwürdigen
Mann gesetzt. Gleich nach Jesu Taufe durch Johannes
und seiner Versuchung in der Wüste hat der Herr vom
Berge gepredigt, die Gegenwelt zu unserem Leben wie
ein großes Gemälde des scheinbar Unmöglichen vor
seinen Zuhörern aufgestellt: Frieden statt Gewalt,
Barmherzigkeit statt Verfolgung, Gerechtigkeit statt
Unrecht, Zuversicht statt Sorge, Feindesliebe statt
Haß. Nun ist er unter dem Volk. Er heilt einen Aussätzi-

gen, ›Ich will's tun, sei rein!‹, einen Ausgegrenzten,
Verlorenen, Verstoßenen, einen, den die bayerischen
Behörden heute interniert hätten, und kommt nun in
die kleine Stadt am See. Im Jahre 30 der Zeitrechnung,
die mit seiner Geburt beginnt. ›Nach der Zeitenwende‹,
sagen die Agnostiker und wissen gar nicht, wie recht sie
damit haben. Die Römer stehen im besetzten Lande.
Die heimischen Könige sind ihre Marionetten.
Jesus aus Nazareth, Sohn jüdischer Eltern. Einer von
vielen Lehrern, die ohne festen Aufenthalt durch Gali-
läa ziehen, ein paar Gefährten mit ihm, Männer, die
ihre Familien verlassen haben. Die große Predigt hat er
gehalten, nun beginnt er zu heilen, Aussatz, Krankheit
– ein Wundertäter also, der die, die es miterleben, durch
die Wunder mehr erschreckt als durch die Worte, die er
redet. Er ist ein Lehrer der Schrift, der heiligen Bücher
seines Volkes, ein Rabbi, aber einer, der anders redet als
die Schriftgelehrten und Pharisäer, strenger und freier
zugleich. Es ist alles noch sehr unbestimmt und in
einem wechselnden Licht. Bei der Taufe, so erzählt
man, habe man eine Stimme gehört: ›Dies ist mein
lieber Sohn, an dem ich Wohlgefallen habe.‹ Das alles
ist unheimlich und anziehend zugleich. Es läuft ihm
also schon viel Volk nach. Unterdrücktes, von der
römischen Steuer belastetes Volk, selten ist er allein,
sicher auch nicht, als er ›nach Kapernaum hineinging‹.
›Da trat ein Hauptmann zu ihm und sprach …‹ Warum
eigentlich ist gerade diese Geschichte so eindrücklich
und merkwürdig zugleich, daß man sie, wenn man sie
nur einmal gehört hat, kaum vergessen kann? Weil hier
zwei Welten sich begegnen, die erst am bitteren Ende

des Herrn wieder aufeinanderstoßen sollen, wenn Jesus vor Pilatus steht: der römische Offizier und Vertreter der Besatzungsmacht und dieser seltsame Heilige, der Mächtige und der Machtlose, der, der gewohnt ist, daß man seinen Befehlen gehorcht, und Jesus im Kreis seiner ärmlichen Gefährten. Wo hat dieser Fremde im Lande von Jesus gehört? Ist er dabei gewesen, als Jesus vom Berge predigte? Kaum denkbar, denn dieser Mann wird die Sprache der Besiegten so viel oder so wenig verstanden haben wie heute ein amerikanischer Major das Deutsche. Aber vielleicht hat er die Bewegung unter den Menschen gespürt, die Aufläufe des Volkes. Vielleicht hat er auch auf den endlosen Schriftrollen, die auf dem Dienstwege bei ihm eingehen, einen Bericht über die Gruppe des Nazareners gefunden. Eine Gruppe Aufständischer? Eine Gruppe mit Verbindungen zu den Aufrührern und Freiheitskämpfern, die die römische Herrschaft abschütteln wollen? Unterwandert von Terroristen? Ein Mann in Jesu Umkreis soll in Verbindung mit dem lange gesuchten Barrabas stehen. Judas Ischariot heißt er. Aber eben das ist alles offen. Der Mann Jesus sieht nicht nach Gewalt aus. Er predigt das Gegenteil. Aber gerade solche Leute sind oft die gefährlichsten.

Ich erinnere mich einer Szene vor ein paar Jahren vor den Toren des Raketenlagers in der Waldheide bei Heilbronn. Günter Grass und Peter Härtling und Luise Rinser und andere – ja, auch ich – wollten dem Kommandeur der amerikanischen Einheit ein Schreiben übergeben, das von der Angst der Deutschen vor den Folgen der Stationierung von Massenvernichtungsmitteln auf deutschem Boden redete. Das riesige Tor blieb verschlossen. Der Posten verschwand und kam nach ein paar Minuten mit einem Offizier und zwei Soldaten mit Maschinenpistolen zurück. Sie gingen zu viert in Hab-Acht-Stellung, als grüßten sie eine Flagge. Ein ebenso schauerliches wie lächerliches Bild. Wir schwiegen uns an. Ein deutscher Polizeioffizier diesseits des Zauns versuchte in schlechtem Englisch einen Kontakt zwischen den Amerikanern und unserer Gruppe herzustellen. Ohne Erfolg. Günter Grass heftete schließlich unseren Brief an das geschlossene Gittertor. Eisiges Schweigen. Wir zogen ab. Die Grenze im eigenen Lande war unüberschreitbar. Oh, man stelle sich vor, das Tor wäre weit geöffnet worden und der Offizier wäre auf einen von uns zugegangen und hätte gesagt: ›Sir —‹

Jedenfalls in unserer Geschichte überschreitet ein Vertreter der staatlichen Macht die Grenze zwischen seinem eindeutigen Beruf, seiner Uniform, seiner Fremdheit, und spricht den an, von dem er dieses und jenes gehört haben mag: ›Herr —‹, der Hauptmann sagt zu einem jüdischen Wanderprediger ›Herr‹. ›Kyrie‹ heißt es im griechischen Text. Das ist das eigentliche Wunder dieser Geschichte. Der Römer hatte sicher schon in anderen unterworfenen Ländern Dienst getan. In Griechenland, in Kleinasien, fremd auch hier, aber doch in der vertrauten Welt mit vielen Göttern, vielen Bildern. Nirgendwo war es so schwierig gewesen wie nun unter den Galiläern mit ihrem unsichtbaren Gott. Nirgendwo war er als Dazugehörender behandelt worden. Nirgendwo waren ihm wohl auch so viel Haß und

82

Verachtung entgegengeschlagen. Aber er überschreitet
die Grenze:
›Herr, mein Diener liegt zu Hause und ist gelähmt und
leidet große Qualen.‹ Es ist viel gerätselt worden über
diese seltsame Fürsorge eines Offiziers für seinen Bur-
schen. Ist er einfach einer, der sich um seine Leute
kümmert — Truppenärzte hat es wohl nicht gegeben?
Es ist ja auch nur eine Hundertschaft, die da in Kapernaum liegt. ›Pais‹ heißt es im Griechischen. Junge also,
Jüngling. Ein Kommentator belehrt mich, die römischen Offiziere seien meist homosexuell gewesen — der
Junge sei also auch noch auf andere Weise geliebt
worden. Dann bäte er also bei Jesus für einen Schuldi-
gen, der nach jüdischem Recht hätte gesteinigt werden
müssen, und er dazu. Die Grenze zwischen dem Nazarener und Offizier wäre noch einmal höher gesetzt. Ich
weiß das alles nicht und der kluge Professor in seinem
Kommentar ja auch nicht. Der Hauptmann bittet übrigens um nichts. Er teilt einen Tatbestand mit. Er hat
nur die vage Vorstellung, hier sei vielleicht einer, der
helfen könne. Und als der Herr sofort, ohne zu zögern,
und ohne daß eine Bitte ausgesprochen wurde, auf ihn
eingeht: ›Ich will kommen und ihn gesund machen‹,
antwortet dieser nüchterne Soldat mit der abwehren-
den Beschreibung seines Berufsstandes, die ihn uns
noch über zwei Jahrtausende so rührend einfältig und
liebenswert macht. Da hat sich ja nichts geändert. Da
wird befohlen und gehorcht. Da ist seine Welt noch in
Ordnung. Da führt er die Mechanismen der einfachen
und selbstverständlichen Vorgesetztenautorität vor.
›Geh hin!‹, so geht er; komm her!, so kommt er; tu das,

so tut er's.‹ Und er scheut sich nicht, diese seine Erfahrung als Maßstab für das mögliche Handeln Jesu einzusetzen. Primitiver geht es nicht.

Ach, der Herr! Wollte er wirklich in das Lager der Römer gehen, um einen – womöglich auch noch homosexuellen – jungen Mann gesund zu machen? Vielleicht ahnt er noch nicht, was seine Freunde denken. Ein Rabbi, ein Lehrer, ein frommer Jude auf dem Wege zu den Unreinen, den Unterdrückern des Volkes. Einer, der für die unveräußerlichen Werte jüdischer Tradition einzutreten hat, in einer Kaserne der Besatzungsmacht, mit dem Bild des Kaisers, des Gottes, der anzubeten ist, im Hof des Lagers?

Aber der Herr weist ihn nicht ab. Er lächelt nicht, er tadelt nicht. Er wundert sich zwar über diesen merkwürdigen Mann aus einer anderen Welt, aber er spricht zu seinen Gefährten: ›Solchen Glauben habe ich in Israel bei keinem gefunden.‹ Das ist schon ziemlich umwerfend. Wenn an irgendeiner Stelle der Geschichten aus dem Leben Jesu über das, was Glauben sein könnte, gesprochen wird, dann hier. Da ist keine Voraussetzung nötig, kein angelerntes Wissen. Kein Dogma und kein Katechismus. Kein Erklärer oder Vermittler. Da vertraut ein Fremdling diesem Jesus in einer ganz einfachen, unmißverständlichen Weise. Und Jesus nennt dieses Vertrauen: Glauben. Ja, er hebt dieses Vertrauen ausdrücklich ab von dem, was ihm in seinem eigenen Volke, im Umkreis seiner eigenen Frömmigkeit bisher begegnet ist. Da kommt einer von ganz außen, ein ganz Unerwarteter, ein im Sinne der Schriftgelehrten und Pharisäer Ungläubiger und Unreiner, ein

Heide und Götzendiener. Den nimmt der Herr, ohne
einen Augenblick zu zögern, an und bescheinigt ihm:
Glauben. Mehr Glauben, als jene haben, die täglich
davon reden, die ganz genau wissen, was Glauben ist,
die für alles und jedes eine Erklärung bereit haben, die
großen ›Weiter so‹-Leute. Ja, beide überschreiten ihre
Grenzen, die Grenzen der Vorurteile und Feindbilder,
und gehen aufeinander zu.
›Viele werden kommen vom Osten und vom Westen und
mit Abraham und Isaak und Jakob im Himmelreich zu
Tische sitzen. Aber die Kinder des Reichs werden in die
Finsternis hinausgestoßen.‹ Die Unberechtigten lösen
die Berechtigten ab. Die von den Rändern kommen in
die Mitte. Die eiserne Strenge pharisäischer Gerechtigkeit wird überschwemmt von dem einfachen Vertrauen
des Fremdlings zu diesem Jesus. ›Geh hin; dir geschehe,
wie du geglaubt hast. Und sein Diener wurde gesund zu
derselben Stunde.‹ Wie nebenbei, als etwas ganz Selbst-
verständliches, geschieht, worum der Hauptmann
nicht zu bitten wagte. Ja, der Herr, dieser eine, einzige
Herr hat gesprochen wie er zu seinen Soldaten. Das
Wunder ist vollkommen.
Wo mag er geblieben sein, der Hauptmann? Bald in ein
anderes besetztes Land versetzt? Hat er noch erlebt,
wie diese Grenzüberschreitungen Jesus schließlich an
den Galgen brachten durch ein römisches Urteil? Ist
der Name Jesus weiter auf den Listen der römischen
und jüdischen Spitzel gewesen, die er jeden Morgen
lesen mußte: ›Jesus, Sohn des Josef und der Maria, aus
Nazareth, ohne festen Wohnsitz, mit zwölf Gefährten,
darunter Judas Ischariot, der Aufrührer, ständig zu
beobachten.‹

Wir wissen es nicht. Wir kennen nur diese eine Geschichte vom Hauptmann von Kapernaum.

Liebe Freunde, muß ich nun noch fragen, was das alles
mit uns zu tun hat, heute am 25. Januar 1987 in der
Bundesrepublik Deutschland als Gemeinde versammelt, während die Wahlurnen sich füllen, Schein für
Schein, Kreuz für Kreuz und unsere Namen abgehakt
werden von den Listen?

Ist diese Geschichte nicht schon durchsichtig genug?
Fast zögert man, es im Klartext auszusprechen. Zunächst: daß es sie gibt, frisch und unverbraucht nach
fast 2000 Jahren. Die Geschichten, die man uns vor
einer Wahl erzählt hat, werden schon in vier Wochen
vergessen sein. Der Spitzensteuersatz wird gesenkt werden, der Paragraph 218 eingekreist durch neue Gesetze, die Arbeitslosigkeit nur am Rande der Entscheidungen vorkommen. Ist es frivol, davon zu reden? Ich
meine, es sollte uns trösten, daß es unvergeßliche Texte
gibt.

Dann aber kann es uns wohl nachdenklich machen, wie
souverän hier Grenzen überschritten werden. Uns alle.
Vor ein paar Wochen habe ich an einem Gespräch im
Bremer Rathaus teilgenommen, in Bremens ›schönster
Stube‹. Da saßen an einem Tisch Horst Mahler, der aus
jahrelanger Haft entlassene, aus seinem Anwaltsberuf
ausgestoßene ehemalige Terrorist, der Bürgermeister
Henning Scherf, der Polizeipräsident von Bremen
Diekmann und ich. Der Saal überfüllt mit vor allem
jungen Menschen. Als der Polizeipräsident vorgestellt
wurde, gab es großen Lärm. Aber dann, als das Gespräch begonnen hatte, wurde es immer stiller im

Raum. Fragen wurden gestellt und beantwortet. Positionen abgegrenzt, keiner redete dem anderen zum Munde. Und man hörte sich zu. Dem eckigen Polizeimann in der Sprache des Hauptmanns von Kapernaum, dem Mitbegründer der Rote-Armee-Fraktion, dem Bürgermeister und auch mir. Als wir später auf den kalten Marktplatz traten, hatte ich das Gefühl, es sei ein kleines Wunder geschehen – in West-Berlin wohl undenkbar – und es sei mehr geheilt worden als ein kranker Soldat.

Wir aber leben im Zeichen der Ausgrenzung. Unsere Gesellschaft lebt zu zwei Dritteln so gut wie niemals zuvor in unserem Lande, aber auch Millionen an der unteren Grenze der Existenz. Sie lebt in ihrem hochgelobten Westen vor allem von Feindbildern, die nicht mehr stimmen. Sie lebt in ihrem Reichtum und ihrer Selbstgerechtigkeit auf dem Rücken von Minderheiten, die diffamiert werden: Ausländer, alle, die nicht den Normen der Gesellschaft entsprechen, Kommunisten, oder sogar von Mehrheiten: in einer Männergesellschaft organisiert gegen Frauen und Kinder.

Die Grenzen scheinen unüberwindbar. Auch bei denen, die sich Christen nennen. Dabei streicht unsere Geschichte alle unsere Versuche, Glauben zu messen oder zu bekenntnishaften, programmatischen Erklärungen beschreiben zu wollen, kräftig durch. Alle Berechtigungen und Nachweise, auch alle törichten konfessionellen Grenzen. Diese Geschichte zeigt, wie weit wir in unseren verfaßten Kirchen weggelaufen sind von dem einfachen, unbeirrbaren Vertrauen, das Jesus ohne Einschränkung Glauben nennt. Sie zeigt, wie offen wir sein müssen für alles und jeden, die wir nicht erwarten. Der Wahlkampf der letzten Wochen war ein Beispiel unbeschreiblicher Selbstgerechtigkeit. Nachdenklichkeit war nicht gefragt. Sendungsbewußtsein bei den großen Parteien penetrant zu spüren. Die junge Partei oft in einem schwer erträglichen Hochmut. Nun, Wahlempfehlungen sind an dieser Stelle nicht am Platz.

Zu fragen ist nur, ob wir bereit sind, anders als bisher, in unseren Glaubens- und Ersatzglaubensfestungen zu verharren. Solange dem Staat nichts anderes einfällt, als mit immer mehr Polizei und immer perfekterer Überwachung gegen alle und alles vorzugehen, was ihm unbequem ist und sein ›Weiter so‹ in Frage zu stellen wagt, wird kein Polizeioffizier mit einem Demonstranten, kein Major der Bundeswehr mit einer Friedensgruppe, kein Berater mit einem Asylanten und wohl bald auch kein Arzt mehr mit einem Aids-Kranken redlich und vernünftig reden können. Denn die Politik der Ausgrenzung führt zu einem neuen Klassen- und zu einem alten Polizeistaat, unausweichlich und zum Ende aller unserer Hoffnungen, daß Freiheit in Westdeutschland mehr bedeuten könnte als über die Autobahn zu rasen.

Umgekehrt werden wir zu lernen haben, daß wir selbst, wir, die wir für mehr Menschlichkeit, mehr Freiheit, mehr Gerechtigkeit einzutreten versuchen, mit großer Eindeutigkeit auf der Seite der jeweils Schwächeren zu stehen haben, und ihre Sache vertreten, laut und energisch. Dabei aber dürfen wir nicht unsererseits Grenzen ziehen, die niemand mehr überschreiten kann. Der Polizeichef vor den Toren von Wackersdorf, der Rich-

ter, der Peter-Jürgen Boock verurteilte, der Gefängnis-
beamte, der ihn bewacht, der politische Gegner, selbst
wenn er mich mit allen Mitteln auszugrenzen versucht,
es sind Menschen wie du und ich, übrigens häufig sehr
unglückliche. Ja, ich rede zornig, wenn ich sehe und
höre, wie die meisten von ihnen reden und handeln,
wie sie wie die Lemminge ihrem ›Weiter so‹ nachlau-
fen. Aber kommt einer über die Grenze der Macht zu
mir, muß ich ihn hören, und ich muß mit ihm reden
wie mit jedem anderen. Ich gestehe freilich, Beispiele,
die ich in den letzten Jahren von solchen Grenzgän-
gern erlebt habe, darf ich hier gar nicht öffentlich
nennen. Es würde denen, die mich in Anspruch nahmen, schaden. Und wo es ein öffentlicher Vorgang
war, handelte es sich um äußerste Notfälle – bei der
Entführung von Peter Lorenz, auch bei der von Martin
Schleyer und bei diesem oder jenem Hungerstreik von
Gefangenen.
Aber es gibt Beispiele vor Ort, aus der vordersten
Front. Die Kundgebung gegen das Atomkraftwerk
Biblis, die riesige Völkerwanderung in den Hunsrück
im vergangenen Herbst hinterließ keine Toten und
Verletzten, weil ›Hauptleute‹ über die Grenze gegangen waren und sie gehört wurden. In Bayern freilich
scheint man nur noch mit der nackten Gewalt des
Staates auf die Fragen der Bürger antworten zu wol-
len. Und die Kirchen schweigen, auch die meine, die
evangelische, ist leise, um niemand zu stören. Mit
wenigen Ausnahmen.
Die Frage ist also nicht die, wie heute abend die Wahl
ausgeht – das weiß im Ergebnis der Machtentschei-

dung mit diesen oder jenen Prozenten jedermann —,
sondern wie es nach der zweiten Wende zum ›Weiter so‹
weitergehen kann.

Ob offene Türen oder festverschlossene Vorurteile, ob
die Annahme auch der Menschen am Rande oder ihre
Verachtung, ob die Überschreitung der Grenzen in
einem doppelt besetzten, geteilten Lande möglich
bleibt, oder wir uns abschließen in unserer jeweiligen
Rechtgläubigkeit.

Die alte Geschichte, über die wir heute morgen nachge-
dacht haben, gibt ihre einfachen Antworten. Ihre einfachen, schweren Antworten. Wir sollten sie hören.
Amen.«

Exkurs über den Eid des Kanzlers

»Ich schwöre, daß ich meine Kraft dem Wohle des
deutschen Volkes widmen, seinen Nutzen mehren,
Schaden von ihm wenden, das Grundgesetz und die
Gesetze des Bundes wahren und verteidigen, meine
Pflichten gewissenhaft erfüllen und Gerechtigkeit ge-
gen jedermann üben werde. So wahr mir Gott helfe.«
»Der Eid kann auch ohne religiöse Beteuerung geleistet
werden.«

So heißt es im Artikel 56 des Grundgesetzes. Es ist die
Eidesformel für den Bundespräsidenten. Sie gilt auch
für den Bundeskanzler. Der Bundeskanzler Kohl und
die Minister seiner neuen, alten Regierung haben sie in
der vergangenen Woche gesprochen — mit der Anrufung
des Namens Gottes, versteht sich.

Die Szene war im Fernsehen zu besichtigen. Fast wie

eine kirchliche Zeremonie – das Haus erhebt sich schweigend. Der Kanzler liest wie aus einem vorgehaltenen Meßbuch den feierlichen Text und hebt die rechte Hand zum Schwur: »So wahr mir Gott helfe.« Ich will nicht über Sinn und Unsinn des politischen Eides philosophieren. Er ist im Bund nicht einklagbar. Manchmal wird in Parlamentsdebatten an ihn erinnert: »Das haben Sie beschworen« – aber Konsequenzen hat solche Erinnerung nicht. Meineide, mit hohen Freiheitsstrafen belegt, werden nur vor Gericht geschworen, vor Gericht oder vor Untersuchungsausschüssen. Aber sie sind elegant zu umgehen: man erinnert sich nicht. Gedächtnislücken, so unglaubhaft sie erscheinen mögen, sind nicht strafbar. Ich will auch nicht die Anrufung des Namens Gottes bei einem politischen Eid in Zweifel ziehen. Ich weiß, selbst ein dutzendmal auf die Verfassung vereidigt, wie sehr man Gottes Hilfe nötig hat bei der Führung seines Amtes. Der Herr freilich, nach dem sich die Partei des Kanzlers nennt, hat seine besondere Meinung über den Eid: »Ich aber sage euch, ihr sollt überhaupt nicht schwören, weder beim Himmel, denn er ist Gottes Thron, noch bei der Erde, denn sie ist der Schemel seiner Füße... Eure Rede aber sei: ja, ja, nein, nein. Was darüber ist, das ist von Übel.« Aber keiner hält sich an diese Warnung. Auch eingefleischte Agnostiker nicht, weil sie – wie etwa die Sozialdemokraten – fürchten, als Religionsfeinde beschimpft zu werden. Und als Christ einem Parlament in unserem allerchristlichsten Lande klarmachen zu wollen, warum man gerade aus Glaubensgründen die fromme Formel ablehnt, übersteigt die Auffassungskraft der meisten Abgeordneten. Es geht auch nicht um Herrn Kohl. Über ihn hat am Tag der Wahl das deutsche Fernsehen in einer rührenden, einer fatalen Ergebenheitssendung berichtet. Von deutschen Teilnehmern praktisch kein ernsthaft kritisches Wort, nur aus dem Ausland ein paar höfliche Fragezeichen.

Nein, ich möchte nach den Worten fragen, die da, sicher in bester Absicht, gesprochen werden, von wem auch immer. »Dem Wohle des deutschen Volkes« – wer ist das deutsche Volk? Da kommt sogleich die eilfertige Antwort: die Deutschen in beiden deutschen Staaten. Der Alleinvertretungsanspruch ist ja unausrottbar, und der Hochmut, auch für einen Arbeiter in Leuna oder einen Professor in Halle sprechen zu können, ebenso ungebrochen. Aber sollten wir nicht auch in unseren liturgischen Formeln endlich bescheidener werden? Vom Volk in diesem Teil Deutschlands sprechen, ohne die anderen – drüben – deshalb zu vergessen? Wer in der kalten Realität zweier gegeneinander aufgerüsteter deutscher Staaten lebt, sollte sparsamer sein mit den großen Worten. Bei einem militärischen Konflikt in Europa werden unsere Soldaten auf die deutschen Brüder in den anderen Uniformen schießen müssen.

»Seinen (des Volkes) Nutzen mehren, Schaden von ihm wenden«. Was heißt Nutzen und Schaden? Wer bestimmt, was nützlich und was schädlich ist? Natürlich der jeweilige Kanzler mit seiner Mehrheit im Bundestag. Wiederum: Dies ist kein Kolleg über die Strukturen der parlamentarischen Demokratie. Aber so allgemein von Nutzen oder Schaden zu reden – mit vier Stimmen Mehrheit – und dabei zu schwören, ist das nicht ein

wenig hochgegriffen? War die Wiederaufrüstung von Nutzen oder zum Schaden für das Volk zu Adenauers Zeiten? War die Ablehnung des sowjetischen Vorschlages für ein entmilitarisiertes Deutschland zwischen Oder und Rhein nützlich oder schädlich? Hat Helmut Schmidt die Pershing II zum Nutzen oder Schaden nach Mutlangen und Heilbronn geholt? Um nur Beispiele des einen Schicksalsbereichs zu nennen? Und noch einmal, wer ist das deutsche Volk? Die Leute, die nun ihren Spitzensteuersatz ermäßigt bekommen haben oder die zwei Millionen Arbeitslosen? Die vielberedete Mehrheit, die angeblich schweigt, oder die Randgruppen, die viel zu viel reden, wie die Mehrheit meint? In der Fernsehsendung, die ich schon erwähnte, fielen zweimal Sätze, die so offen von Freunden des Kanzlers, hier von seinem früheren Pressechef Peter Boenisch, noch nie geäußert worden waren. Das nämlich hörten wir bisher nur von den bösen Linken: die Macht werde in diesem Lande ja gar nicht in Bonn von der Bundesregierung ausgeübt, sondern von den großen deutschen Firmen und den Banken – also in Frankfurt. Dort fielen die wichtigen Entscheidungen. Wie wahr! Und wie tröstlich, es einmal auch aus diesem Lager zu hören.
Aber wie dann ein solch hochgestochener Eid? Natürlich lebt niemand ohne Zwänge. Natürlich hängt alles mit allem zusammen – das ist ja ein Lieblingssatz des neuen, alten Bundeskanzlers. Aber wäre dann nicht eine schlichte Äußerung bei der Übernahme des hohen Amtes möglich und redlicher als jeder Schwur, die etwa so lauten könnte:
»Ich verspreche, meine Pflicht zu tun.

Ich verspreche, das Grundgesetz und die Gesetze zu achten.

Ich verspreche, denen, die mir widersprechen, zuzuhören und ihre Einwände ernst zu nehmen.

Ich weiß um die Last des Amtes, das ich heute (neu) übernehme.

Ich bitte Gott, mir diese Last tragen zu helfen.« (Diesen Satz kann man auch fortlassen.)

Die Hand brauchte nicht zum Eid erhoben zu werden. Niemand brauchte aufzustehen. Aber vielleicht könnten der oder die Vorsitzenden der Opposition vortreten und sagen:

»Wir werden Ihnen, Herr Bundeskanzler, auch im Widerspruch helfen, ihr Versprechen ernst zu nehmen.«

Welch ein Traum!

Seit Neujahr Kälte und Schnee. Es fällt schwer, fröhlich zu sein. Vielleicht ist man im Alter ungeduldiger, Wärme zu spüren. Nicht nur die Wärme eines wohlgeheizten Hauses. Dabei hat die Kälte niemand beirrt, den Wahlkampf nicht beeinflußt, noch weniger die Eile, von allen Versprechungen wieder herunterzukommen. Jeden Abend im Fernsehen das gleiche Bild: die schweren schwarzen Limousinen mit den Unterhändlern der Koalition, ein Wagen mit dem Herrn Minister, ein Auto der Polizei, in stetem Wechsel, heruntergelassene Fenster beim schnellen Halt mit einem belanglosen Satz für einen frierenden Journalisten. Erst Gemächlichkeit, dann Eile wegen der hessischen Neuwahlen, Ausklammern aller Streitpunkte, die bayerische Posse vom wieder angedrohten Regierungseintritt des

Herrn Strauß, dann dieselben Leute mit ein paar vertauschten Plätzen, Wörner, Schwarz-Schilling, Zimmermann, alle, fast alle wieder da – ein Grund zur Heiterkeit? Meine Freunde im politischen Kabarett haben es jedenfalls weiterhin gut. Dieter Hildebrandt hatte sich in einer seiner letzten Sendungen Berlin vorgenommen, die doppelte Jubelfeier. Alles kam vor, schnell und witzig. Ich sitze in Bremen und schaue es mir an. Die Stadt, die geliebte, ärgerliche Stadt.

Wie weit weg liegt sie schon? Über meinem Bett hängen zwei wunderschöne Jubiläumsposter, bunt und herrlich: die Siegessäule, golden, am Horizont die andere, dieselbe Stadt, verschwimmend im Dunst. Das Satyrspiel von Besuch und Gegenbesuch. Gestern haben sie in Leipzig neunzig Minuten gesprochen, Diepgen und Honecker. Mit dem Zeitmesser geht das alles, wieviel Zeit für diesen oder jenen, nur einen Augenblick für den lustigen Späth – und dann strahlend das Bild des bayerischen Ministerpräsidenten. Über zwei Stunden haben sie miteinander verbracht, der Kommunistenfresser mit dem Generalsekretär der sozialistischen Einheitspartei. Es ist alles ziemlich widerlich. Ich kann es nicht ändern: Die Erinnerungen kommen immer wieder hoch an 1963, als wir Landesverräter es wagten, mit denen da drüben über Passierscheine zu verhandeln.

Von der Opposition hört man nichts oder fast nichts. Sie hat es schwer, ins Bild zu kommen. Sie wird es bald noch viel schwerer haben. Die politischen Magazine der ARD stehen zur schwarzen Disposition. Franz Alt wurde abgemahnt, was immer das bedeuten mag. Er beharrte auf der Wahrheit. Den »Enkel« — ach, Willy Brandt hätte sehr früh Kinder haben müssen, wenn dies ein Enkel ist — Oskar Lafontaine (43) habe ich in Bremen das erste Mal in einer großen Rede erlebt. Ja, er gibt Hoffnung. Er weiß auch, was er will. Er kann erklären, was er denkt. Wie lange wird es dauern, bis diese gute alte SPD sich wiedergefunden hat — wieder ein Original ist, unverwechselbar, keine Kopie.

Ich gestehe, es ist mir nahegegangen, wie mich die Bremer Freunde aufgenommen haben. Ich wurde zu ihrem Landesparteitag eingeladen, in die erste Reihe gesetzt, mit großem Beifall begrüßt, durfte als Gast sogar eine kleine Rede halten, ganz heiter. Ach, armes Herz. Als ich das letzte Mal in Berlin vor einem Landesparteitag sprach — eisiges Schweigen, eine Mauer der Feindschaft.

Die Tage gehen. Die Zeit vergeht viel schneller im Alter als in den frühen Jahren. »Als flögen wir davon.« Wohin, wohin? Auch dies Buch zu schreiben, geht viel schneller, als ich es erwartet hatte. Ob es damit etwas zu tun hat, daß jeder Tag, an dem ich noch schreiben kann, ein Geschenk ist?

Das Buch wird wohl kürzer werden, als der Verlag es wünscht.

VIII

AGNUS DEI

Lamm Gottes

»Jerusalem, dpa, 16. 3. 87. Das israelische Erziehungsministerium hat den Gebrauch von Bibeln, die sowohl
das Alte als auch das Neue Testament enthalten, in den
öffentlichen Schulen verboten. Das Alte Testament
komme von Gott, das Neue sei von Menschen geschrieben, meinte Mati Dagan, stellvertretender Direktor für
religiöse Angelegenheiten im Erziehungsministerium.
Das Neue Testament mit den Schriften über Jesus
Christus als Messias und Sohn Gottes werde von den
Juden abgelehnt. Manche Leute meinen wohl, es weise
uns als liberal aus, wenn wir alle Konfessionen und
philosophischen Richtungen gleich behandeln, sagte
dazu Grundschuldirektor Moshe Edelmann gegenüber
der ›Jerusalem Post‹. Aber konfrontiert mit dem Pro-
blem der Sekten können wir uns keinen Luxus erlau-
ben. Juden wurden jahrhundertelang wegen des Neuen
Testaments verfolgt und ermordet.«

Wer sich dem elenden Tode des Jesus von Nazareth
nähert, betritt schwieriges Gelände. Der Prozeß gegen
diesen Mann, der allen gleich unbegreiflich war, den
Römern, den strenggläubigen Juden, den Widerstands-
gruppen gegen die Besatzungsmacht, ist nach den Berichten des Neuen Testaments, den wenigen außer-
biblischen Quellen, dem bekannten politischen und
religiösen Umfeld, unterschiedlich beurteilt worden.
Er ist umstritten bis heute. Er hatte schreckliche Aus-
wirkungen, vor allem den jahrhundertealten christlichen Antisemitismus (»Die Juden haben den Sohn Gottes umgebracht«) – furchtbar. Zugleich geraten wir,
wenn wir die Passion Jesu betrachten, in die Mitte aller

Verzweiflung und allen Trostes, die ein menschliches Herz erfahren kann. Der Tod Jesu Christi am Kreuz ist auch die Mitte der Liturgie. Die römische Messe, die deutsche Messe, läuft auf jenes Mahl zu, das der Herr mit seinen Gefährten am Abend vor seiner Hinrichtung hielt. In den protestantischen Kirchen im vorigen Jahrhundert und bis in die Schreckensjahre von Auschwitz und Maidanek an den Rand gedrängt, wird heute in immer mehr evangelischen Gemeinden das Abendmahl wieder zum Bestandteil des sonntäglichen Gottesdienstes, mindestens so wichtig wie die höchst subjektive Predigt, handfest mit Brot und Wein und dem so wörtlich verlesenen Text:

»Unser Herr Jesus Christus in der Nacht, da er verraten ward, nahm er das Brot, dankte, brach es und sprach: Das ist mein Leib, der für euch gegeben wird, solches tut zu meinem Gedächtnis. Ebenso nahm er den Kelch nach dem Abendmahl, dankte und sprach: Dieser Kelch ist der neue Bund in meinem Blut. Dies tut, so oft ihr trinket, zu meinem Gedächtnis.«

Das Zeichen des Christentums ist das Kreuz, nackt und leer, oder mit dem Körper eines zu Tode gequälten Menschen, angenagelt ans Holz, das Bild eines von Staat und Kirche nach den damaligen Gesetzen zu Recht zum Tode verurteilten Verbrechers, Hochverräters und Gotteslästerers unter dem zynischen Plakat des Pilatus zur Schau gestellt: »I. N. R. I., Jesus Nazarenus Rex Judaeorum« – »Jesus von Nazareth, König der Juden.«

Da schreit er: »Eli, Eli, lama asabthani« – »Gott, mein Gott, warum hast du mich verlassen?«

Agnus Dei, das geschlachtete Lamm Gottes.

Was ist aus diesem schauerlichen Bild für uns geworden, was hat es bewirkt, vor allem dort, wo es auch noch von Staats wegen gezeigt wird, in den öffentlichen Schulen, Krankenhäusern, Gerichtssälen, Gefängnissen, Leichenhallen? Und in den »Gottesecken« bayerischer Wirtsstuben, als Schmuck um den Hals nicht nur der Frauen. Und in seinen Abwandlungen: das Rote Kreuz, das Schwarze Kreuz, und als schauderhaftes Gegen-Kreuz: das Hakenkreuz. Was hat es zu tun mit den Galgen in unseren Tagen, mit den Fallbeilen und Gaskammern, Streckbetten und Elektroschocks, Hochsicherheitstrakten und psychiatrischen Kliniken – und den Gejagten, Gehetzten, Verstoßenen, Vertriebenen. Was hat es zu tun mit meinem Tod?

Wer sich dem elenden Tode des Jesus von Nazareth nähert, betritt schwieriges Gelände.

**Da ging einer von den Zwölfen mit Namen Judas Ischariot zu
den Hohenpriestern und sagte: Was wollt ihr mir geben? Ich
will ihn euch verraten. Und sie boten ihm dreißig
Silberstücke. Und von da an suchte er eine günstige
Gelegenheit, ihn zu verraten.**

Wer verrät wen? Natürlich verrät Judas seinen Herrn.
Aber was hatte er zu verraten? Über den Nazarener gab
es genügend Berichte bei den Hohenpriestern – über die
gotteslästerlichen Reden dieses Mannes, seine fragwür-
digen Wunder, seine dauernden Vergehen gegen das
Sabbatgebot, vor allem aber über die Faszination, die
von ihm ausging auf das Volk, stärker und anders als
bei den Hunderten von Wanderpredigern, die durchs
Land zogen und wohl eher fromme Bettler waren. Man
kannte seine Wege und ließ sie beobachten. Zuträger
und bezahlte Spitzel gab es genug – damals wie heute.
Verraten werden konnte also nur ein möglichst günsti-
ger Zeitpunkt und ein unauffälliger Tatort für die
Verhaftung – ohne viel Aufsehens, nachts, wie seit eh
und je die Schergen um diese Stunde ihre Opfer einfan-
gen. Dies verrät Judas. Die Nacht vor dem beginnenden
Passahfest, nach dem Mahl, im Garten Gethsemane.
Warum wird er zum Verräter? Es gibt eine ganze
Literatur über diesen Judas, der sich eindeutig auf die
Seite der Aufständler gegen die Besatzungsmacht geschlagen hatte und nun unter die Gefährten Jesu geraten war, des Mannes, der Israel hätte befreien können,
wenn er es nur gewollt hätte, der das Signal hätte geben

können, selbst das Signal war, vielleicht sogar der erwartete, seit Jahrhunderten prophezeite Messias, der Israel erlösen würde aus Knechtschaft und Armut. Von Jesus selbst in die Gruppe der Jünger geholt – wußte der Herr, wen er da in seine Nähe brachte? Mit der Führung der Kasse dieser Männer-Kommune betraut, war er drei Jahre mit dem Meister über die Straßen Judäas, Samarias und Galiläas gewandert, hatte alles miterlebt, was die Evangelien berichten, hatte gewartet und gewartet, ob und wann nun endlich käme der entscheidende Schritt weg von den Seligpreisungen der Bergpredigt – selig die, die Frieden stiften, selig die Barmherzigen, Verfolgten, Trauernden, um der Gerechtigkeit willen Leidenden – hin zur Gewalt, zu den Waffen, zu den Gruppen der Freischärler in den Bergen, zu Barrabas, dem Freund. Nun waren sie in Jerusalem, und wieder geschah nichts. Auf einem Esel ritt Jesus in die Stadt, sprach dunkle Deuteworte von einem zerbrochenen Tempel, der in drei Tagen wieder aufgebaut werden sollte, redete damit vom eigenen Tode, sonst nichts, nichts. Die Kämpfer in den Bergen mochten verrecken. Mit seinen Reden vom Frieden, von der Liebe, von dem kommenden Reich am Ende der Tage verwirrte Jesus das Volk nur, vertröstete es, während die Römer immer frecher wurden, die eigene geistliche Obrigkeit immer höriger den Fremden. Gewaltlosigkeit stört die Gewalt, und jene, die Gewaltlosigkeit predigten, sind oft gefährlicher als die Soldaten des Pilatus. Ja, Judas hat ihn wohl geliebt, diesen Mann aus Nazareth, aber schließlich war er tief enttäuscht. Darum muß Jesus den Hohenpriestern überantwortet und

seinem Gerede von Liebe und Frieden ein Ende gemacht werden. Nicht den Tod am Kreuz hatte er gewollt, natürlich nicht. Als dann Barrabas freigelassen
ist und der Herr auf dem Wege zur Hinrichtung, rennt
Judas entsetzt zu den Priestern zurück und wirft ihnen
den Blutsold vor die Füße. Und bringt sich um. So hat
der Karfreitag zwei Tote, den Verratenen und den
Verräter.

Und der Aufstand der Juden, endlich im Jahre 70, wird
mit der Zerstörung Jerusalems und der Zerstreuung
des Volkes über die ganze Welt und mit Auschwitz
enden. Enden? Anfangen wird, wieder in Waffen star-
rend, das neue Israel. Da ist für Jesus kein Platz.

Der Konflikt des Judas ist unser Konflikt mit der Lehre
und dem Leben und dem Tode Jesu. Ist der Konflikt
zwischen Gewalt und Gewaltlosigkeit, zwischen Bom-
ben und der Hoffnung auf die Kraft von Glaube, Liebe
und Vernunft und auf das Wasser, das den Stein höhlt.
Wer verrät wen? Sind die Verräter des Aufbruches von
1967 Bestien? Wer hat sie nach Stammheim getrieben,
wer sie dort umgebracht, auch wenn sie sich selbst
töteten?

Beide sterben am selben Tage in der Karfreitagsge-
schichte. Von Jesu Tod kann nicht glaubwürdig geredet
werden, wenn nicht auch von der Verzweiflung des
Judas die Rede ist. Und von dem, was sich Barrabas
gedacht haben mag in seiner mit dem Blute Jesu bezahl-
ten Freiheit. Auch über sein Leben nach diesem Freitag
gibt es viele Legenden. Die drei gehören zusammen. So
wie die drei an ihren Kreuzen, alle drei nach dem
damals gültigen Gesetz zu Recht mit dem Tode bestraft,

alle drei Verbrecher, Terroristen. Jesus in der Mitte zwischen zwei Mördern, Agnus Dei, das Lamm Gottes zwischen ihnen. Die Geschichte vom Tode Jesu ist viel finsterer, als wir sie über die Jahrhunderte hin geschönt haben, bis zum Konzert in der Philharmonie zu Berlin mit einem ergriffen applaudierenden Publikum.
Wer verrät wen? Der Verräter sitzt am Tische bei Brot und Wein: »Nehmet hin und esset.«

Dies alles habe ich aufgeschrieben am Morgen des 23. März 1987. Am Nachmittag ein Anruf von Radio Bremen, Willy Brandt sei zurückgetreten, ob ich sofort in den Sender kommen könne zu einem ersten Gespräch über den Freund, den Verratenen. Wer hat wen verraten?
Abends habe ich dann die Bilder gesehen und sein alt gewordenes Gesicht, wie aus Stein, und die endlosen Kommentare gehört. Nein, sie wollten die Öffnung nicht, die ängstlichen Spießer. Sie haben sie schon 1968 nicht gewollt zur jungen Generation, nicht nach Moskau und Warschau – Brandt auf den Knien, auf den Knien –, nicht zu den sozialen Bewegungen, schon gar nicht zu den Grünen. Und nun eine intelligente, schöne Frau ohne Parteibuch, gar eine Ausländerin, als Zeichen für die Öffnung! Nun reichte es den Rappes und Rengers und Wischnewskis und Apels, und in ihrem Hintergrund wohl auch Helmut Schmidt. Mathiopoulos, schon welcher Name! Die Müllers und Meyers wollen das Sagen haben, deutsch, mit ihrem Parteibuch in der Tasche.
Ein Mann ging, der wie kein anderer über Jahrzehnte

das Deutschland der Hoffnung und der Veränderung in der Welt repräsentierte. »Weiter so« hat eine neue Schlacht gewonnen, heimlich und tückisch. Die Nachdenklichkeit bleibt auf der Strecke. Brandt hat viele Fehler, wie wir alle, er hat vieles falsch gemacht, er hat die Leute, er hat seine eigene Partei immer wieder überfordert, er war oft sehr weit weg von uns allen. Aber nun, da er geht, werden wir spüren, wer gegangen ist, ein Unersetzlicher. Welch eine Geschichte von Verrat und Illoyalität in dieser Republik: sie alle sind so gefallen, Adenauer und Erhardt, Brandt schon einmal als Kanzler, Schmidt und Wehner. Auch der hier schreibt, in Berlin. Eine Kette von finsteren Geschichten.

Ich wußte gestern morgen noch nicht, daß ich heute diesen Anhang zum Abschnitt »Der Verräter« würde schreiben müssen.

Die Gefährten

Und am Abend setzte er sich mit den Zwölfen zu Tisch.

Diese merkwürdigste aller Männergesellschaften. Der Eine, von dem noch heute viele Christen in der alten Welt und über sie hinaus Millionen farbige Menschen in ihrem Glauben und ihrem Kampf um ihre Freiheit, um mehr Menschlichkeit und um den Frieden leben, der Eine, Unverwechselbare, und diese einfachen Leute. Wirklich verstanden haben sie ihn nie, solange er mit ihnen war, jeden Tag mit ihnen und wohl auch nachts bei ihnen schlief. Manchmal traf es den einen oder anderen wie ein Licht, das wieder verlosch, und das neue Staunen, Erschrecken, Fragen nach dem Warum und Wohin begann jeden Morgen, nach jedem Wunder, jedem Gleichnis, zuletzt an diesem Abend, dem letzten Mahl zu Tisch mit ihm – immer noch seltsam ahnungslos. Schlafen werden sie, wenn er mit seiner eigenen Angst fertig werden muß, weglaufen werden sie alle, alle, einer ihn dreimal verraten, schlimmer eigentlich als Judas, am Galgen werden sie ihn allein lassen, sich fürchten, fürchten, gehetzt von der Frage der Häscher, der Menschen auf den Straßen: »Warst du nicht auch bei Jesus von Nazareth, deine Sprache verrät dich?« – nein, da sind keine Helden. Keine Klugen, keine Wissenden, nicht einmal Überzeugte. Vom See Genezareth hat er sie sich geholt, vom Fischen und Netzeflicken, von ihren Eltern und Frauen, aufgelesen im Vorbeigehen, Unbekannte, und nun mit ihren zwölf Namen, die ich noch in der Schule lernen mußte, bis zum Ende der Tage mit dem Einen verbunden, unvergeßlich, ewig. Warum sind sie damals gegangen? Ausgestiegen? Alles hinter sich lassend, alles und alle, Beruf und Familie und Haus und Bett und ihre Boote. Wer es heute tut, gilt als verrückt, läuft einem Guru nach, verschwindet in Kommunen, rutscht womöglich ab in Drogen, in Alkohol. Oder in das, was wir den Terrorismus nennen, in die Verschwörung der Gewalt – wie damals die Zeloten in den Bergen.

Aber die Zwölf gehen mit einem Friedfertigen, aufreizend Friedfertigen. Hören die Rede vom Berge, die, soweit sie sie verstanden haben mögen, ihre Welt auf den Kopf stellte – keine Feinde, keine Sorgen, dafür

Barmherzigkeit, Gerechtigkeit, Liebe. Wer von uns ist ihnen gleich? Wir, die gelehrten Theologen, mit unseren großen Bekenntnissen? Papier, Papier – nur dann und wann unterbrochen von wirklicher Erkenntnis, von Konsequenzen, von Ausbruch und Befreiung. Dann die Heiligen und Reformer, die Märtyrer, bis zu Dietrich Bonhoeffer?

Nein, niemand oder fast niemand verläßt Vater und Mutter, Frau und Kind und sein ganzes gewohntes, bequemes Leben. Ich ja auch nicht. Hier in Bremen sitze ich am geschützten Schreibtisch, wenn auch nach vielen Trennungen.

Die Gefährten Jesu sind doppelt tröstlich für mich: in ihrem Unverstand und in ihrer Furcht, und daß der Herr sie nicht schon nach wenigen Tagen fortschickte zurück in ihre gewohnte Welt und sie aushielt, wenn auch schließlich verzweifelt: »Warum könnt ihr nicht eine Stunde mit mir wachen?« – und wissend, nur zu genau wissend, zu Petrus: »Ehe der Hahn kräht, wirst du mich dreimal verraten.« Der Verräter und die anderen, Judas und vor allem Petrus, sind sich sehr nah, so gesehen Judas noch verständlicher als der andere mit seiner Angst vor einer Küchenmagd. Ich kann also mitten unter ihnen sein, weil ich bin wie sie, furchtsam und inkonsequent, und nur selten verstehend – den Einen. Ja, weggelaufen sind sie alle. Aber, eben doppelt tröstlich, auch gekommen. Damals vom See und ihren Booten. Ohne zu fragen. Voller Vertrauen. Mit dem Gespür, hier endlich einem Menschen zu begegnen. Ecce homo. Siehe, da der Mensch. Ja, er sitzt mit ihnen zu Tische, noch einmal. Wenn die christlichen Gemein-

den sich öfter daran erinnerten, wie diese erste Gefolg-
schaft Jesu aussah, könnten sie sich vielleicht verändern, hin zu mehr Bescheidenheit und Nachdenklichkeit. Zu mehr kritischer Distanz, was unsere Christlich-
keit unterscheidet von der des Petrus und Thomas und
Johannes – aber auch zu einer größeren Sicherheit, am
richtigen Tisch zu sitzen.

Ja, die Gefährten sind alle davongelaufen, als es ernst
wurde.

Erst Tage später, und nur weil die Frauen bei Jesus
blieben bis zum bitteren Ende und bis in das unbeschreibliche Licht des Ostermorgens hinein, werden sie
erkennen, endlich verstehen und auch bleiben.

»Nehmet hin und esset.« Von ihrem Leben miteinander
ist wenig die Rede. Sie streiten um den ersten Platz,
einer tritt immer wieder hervor mit schnellen Bekenntnissen: Petrus, der Fels der römischen Kirche. Einen
soll der Herr besonders geliebt haben. Wer weiß es
genau? Wenn ich in diesen Tagen über die Gemeinschaften nachdenke, zu denen unsereiner gehört hat,
sind die Ähnlichkeiten nicht rein zufällig. Pfarrkonven-
te, Synoden, Kirchenleitungen, Fraktionen, Landtage,
Landesregierungen, Parteivorstände auf allen Ebenen.
Es wird um die ersten Plätze gestritten, man profiliert
sich, der eine oder andere ist beliebter als der dritte. Der
jeweilige Erste hat es immer schwer. Er ist von den
anderen abhängig und sie von ihm. Einer sägt immer an
seinem Stuhl, meistens mehrere. Es ist schwierig, offen
miteinander umzugehen. Gruppen bilden sich, finden
sich zu Absprachen zusammen, meistens wegen Personen, weniger zur Sache. Wer es geschafft hat, Bischof ist

oder Minister, Vorsitzender oder auch ein einfacher Pfarrer in seiner Gemeinde, hört selten die Wahrheit. Beginnt seine Stellung unsicher zu werden, scheint er zu scheitern, oder gibt er selbst Zeichen seiner Schwäche preis, beginnt das Geraune in den Kulissen, wagen sich die Feigen hervor, wird er angeschossen, meistens in den Rücken. Politik ist ein schmutziges Geschäft. Wieso eigentlich Politik? Als ob es in allen Etagen von Wirtschaft und Handel, in jedem Betrieb, in Theatern und Orchestern anders zuginge? Die große Hoffnung, daß es bei den jungen Leuten in ihren alternativen Gruppen, in Netzwerken und Bürgerinitiativen wesentlich anders zuginge, wurde enttäuscht. Bei den Grünen geht es manchmal schlimmer zu als in den alten Parteien. Im Koordinierungsausschuß der Friedensbewegung wird fanatisch gekämpft. Und in den Kirchen ist alles nur höflicher und voller frommer Sprüche und darum meist noch unerfreulicher als bei den Kindern der Welt. Gefährten, Genossen, Kollegen, Brüder und Schwestern? Die Anreden sind austauschbar.

Es gibt Ausnahmen. Ich habe sie erlebt. Aber sie liegen lange zurück und waren immer ein Zeichen besonderer Solidarität in schweren Zeiten. Die erste Mannschaft der Flüchtlingshilfe in Celle, ohne Rang- und Besoldungsordnung, die ersten Jahre des SPD-Parteivorstandes, mein erstes und zweites Ministerium in Hannover, der ganz enge Kreis um Willy Brandt, das »Haus der Mitte« in der Gropiusstadt, das Dutzend Männer und Frauen auf der Tribüne der Großkundgebung in Bonn im Jahr 1981, die Pfarrer von Schlachtensee, ja, und natürlich, wir zehn im Flugzeug nach Aden. Alle zehn. Ich zähle das alles auf, um mir selbst Mut zu machen, mir und den Lesern. Es gibt Ausnahmen. Man muß sie nur wollen. Und sie gedeihen wohl nicht in der Welt bloßer Karriere.

Und dann eben dagegengesetzt der Tisch, wegschwemmend alle Einsamkeit und Eitelkeit, jeden Sonntag, für jeden Gefährten, für Petrus und Judas, für den Hauptmann, für mich, für den Mann und die Frau neben mir. »Nehmet hin und esset.«

Der Hohepriester

Die Männer aber, die Jesus gegriffen hatten, führten ihn zu dem Hohepriester Kaiphas, wo die Schriftgelehrten und Ältesten sich versammelt hatten.

Nun also steht er endlich vor ihnen. Sie haben es geschafft, ihn unauffällig und ohne allen Volksauflauf zu greifen: der Heilige vor den Verwaltern des Heiligen, der Fromme vor den Gelehrten der Frömmigkeit, der eine Hohe Priester vor dem, der diesen Titel trägt. Die oberste geistliche Gewalt in jenem Lande, in dem alles Geistliche zugleich weltliche Macht war, geduldet von den römischen Eroberern aus Klugheit und Bequemlichkeit. Was geschieht, wenn der Sohn Gottes in die Synagoge, die Kirche Gottes, eintritt, leibhaftig, ein Mensch? Er ist schon gefesselt, er wird verhört, wie Angeklagte zu allen Zeiten verhört werden. Zeugen, falsche oder richtige? Wie ist hier doch zu unterscheiden zwischen falsch und richtig? Er hat Gesetze übertreten – die des strengen Sabbatgebotes zum Beispiel –, er hat sich mit Unreinen eingelassen – nicht nur mit dem Hauptmann von Kapernaum –, er hat Wunder getan – die wahrscheinlich schlichter Betrug waren nach der Meinung seiner Richter –, er hat Erwartungen auf sich gelenkt, die ihn als den kommenden Messias erscheinen ließen. Jesus schweigt. In den unterschiedlichen Berichten über diese atemlose Szene schweigt er bis zum Ende des Verhörs. Bei Matthäus, an den ich mich halte, antwortet er erst auf die alles entscheidende Frage: »Ich beschwöre dich bei dem lebendigen Gott: Sage uns, ob du der Christus bist, der Sohn Gottes. Jesus sprach zu ihm: Du sagst es.«

Dieses Buch ist keine theologische Abhandlung. Es will an dieser Stelle nur das deutlich machen – wie der Anspruch dieses einen Menschen, Gottes Sohn zu sein, auch ohne den Segen der Priester, der Heilige ohne die Zustimmung derer, die allein wissen wollen, wer oder was heilig ist, der freie Sohn einer Zukunft, die sich kein Verwalter geistlicher Macht vorstellen kann –, wie dies alles zum Todesurteil führen muß. »Er hat Gott gelästert. Was brauchen wir noch Zeugen. Was meint ihr? Sie antworteten: Er hat den Tod verdient.« So wie die Dinge lagen, ist dies ein gerechtes Urteil. Der Anmaßende muß weg. Der Unerhörte, der Herausforderer aller geistlichen Autorität muß an den Galgen. Wer heilig ist, bestimmt das Lehramt der Kirche. Niemand anderes. Unfehlbar und endgültig. Ich mache Kaiphas keinen Vorwurf. Daß er sich so furchtbar irrte, ist ihm nicht anzulasten, sondern den Gesetzen, mit denen er lebte. Jeder Papst hätte das gleiche Urteil gesprochen. Schlimm ist nur, daß das hohe Gericht, dieses schon, nicht erst die römischen Soldaten, ihrem Haß freien Lauf ließ: »Da spuckten sie ihm ins Gesicht und schlugen ihn mit Fäusten. Einige aber schlugen ihm ins Gesicht.« Welch ein Bild ihrer Frömmigkeit! Ein Tribunal der Schläger. Wichtig ist nur zu erkennen, wie diese Gerichtsszene in allen Kirchen und Synagogen der jüdisch-christlichen Welt völlig vergessen zu sein scheint. Wie die Geschichte der Christenheit bis zu den Kardinälen in Rom und evangelischen Kirchenleitungen in Deutschland immer weiter und immer wieder eine Geschichte der Verwerfungen und Verketzerungen geblieben ist. Wie Kaiphas und seine Schriftgelehrten und Ältesten geradezu Symbolfiguren für die Durchsetzung geistlicher Macht gegen den einzelnen Frommen geworden sind.

»(dpa) Gegen kirchliche Widerstandsaktionen zur Verhinderung der Abschiebung von Asylbewerbern hat sich der Berliner Bischof und Vorsitzende des Rates der Evangelischen Kirche in Deutschland, Dr. Kruse, ausgesprochen. ›Die Kirche hat kein Ausnahmerecht, das es erlaubt, sich außerhalb der Gesetze zu bewegen oder andere in eine solche Situation zu führen.‹ Dem Abbruch von Verbindungen zu Banken und Wirtschaftsunternehmen, die Geschäftsbeziehungen zu Südafrika unterhalten, könne sich der Rat der EKD ›nicht anschließen noch ihn befürworten‹.« (31. 3. 87)

Der von mir hochgeachtete Berliner Bischof soll nicht gekränkt sein, wenn ich diese Meldung, die seinen Namen nennt, in dieses Kapitel einordne. Er ist nicht Kaiphas. Aber die dpa-Meldung, die heute auf meinem Tisch liegt, ist ein typisches Beispiel von dem Kaiphas

in uns allen, die wir in der Amtskirche Verantwortung
zu tragen haben. Das ist es ja: wie eine in eigenen
Gesetzen und Ordnungen und in ihren tausend Bindun-
gen zum Staat gefesselte Volkskirche jede Überschreitung der Grenzen vom eigenen Reden und Handeln
jenseits von Übereinkunft und Gesetz für gefährlich
halten muß und sich dann zu Warnungen, Distanzie-
rungen veranlaßt sieht, über die der Angeklagte und
Verurteilte vor Kaiphas nur traurig gelächelt hätte.
Vielleicht auch zornig. Die Haltung der Amtskirche zu
Südafrika und den dort regierenden Mördern ist trost-
los. Jede Woche ein Appell gegen die Apartheid und jede
Woche eine feige Ausflucht vor den Konsequenzen. Nun
hat das Kirchentagspräsidium endlich seine Konten bei
der Deutschen Bank gekündigt. Aber das kann von
Kirchenamts wegen nicht befürwortet werden. Das
Vermögen der Kirche ist auf alle Großbanken verteilt.
Diese Banken haben gerade ein geheimes Umschul-
dungsabkommen mit der südafrikanischen Regierung
zu traumhaften Bedingungen unterzeichnet. Wie
könnte man sich mit ihnen ernsthaft anlegen? In Bremen ist der Schatzmeister der Kirche ein Direktor der
Commerzbank. Soll er seiner Bank Gelder entziehen?
Ja, diese Meldung gehört in die Kaiphas-Geschichte.
Sie ist sogar vergleichsweise harmlos unter den unzähligen anderen Geschichten aus Jahrhunderten kirchli-
cher Anpassung und Furcht, den von seinen Priestern
zu Tode gebrachten Jesus ernst zu nehmen. Seit Dosto-
jewskis »Großinquisitor« ist es unnötig zu schildern,
was geschehen würde, wenn der Herr der Kirche in
ihren höchst weltlichen Amtsräumen erschiene.

»Komm nie wieder, komm nie wieder.« Aber er kommt
jeden Tag. Das hat kein Kaiphas verhindern können.
Miserere nobis.

Sie riefen alle: Laß ihn kreuzigen. Pilatus aber sagte: Was hat er denn Böses getan? Sie schrien aber noch mehr: Laß ihn kreuzigen.

Hier wird das Gelände noch gefährlicher. Das schreiende Volk, in der Matthäuspassion des Johann Sebastian Bach zum äußersten Crescendo gesteigert bis hin zu dem für Jesus tödlichen Entscheid zwischen ihm und Barrabas – »Wen von beiden soll ich denn freigeben« – sie antworteten: »Barrabas« –, wer dies einmal gehört hat, wird es sein Leben lang nicht vergessen – dieses Volk sind die Juden. So berichten die Evangelien. Was ist hier Legende, was Wahrheit? Es war für die ersten christlichen Gemeinden im Römischen Reich wahrscheinlich wichtig, die Schuld am Tode Jesu möglichst weit vom römischen Statthalter Pilatus wegzuhalten. Sicher ist, daß diese Berichte das jüdische Volk zu den Mördern des Gottessohnes gestempelt haben bis in die Gegenwart hinein. Sicher ist, daß über fast zweitausend Jahre, bis zum Zweiten Vatikanischen Konzil, nun im Angesicht von Auschwitz, die römische Kirche, aber ebenso die Reformatoren, besonders drastisch Martin Luther selbst, die Begründung für einen militanten Antisemitismus geliefert haben, der Ströme von Tränen und Blut über die Juden in aller Welt brachte, und selbst in unseren säkularisierten Zeiten immer noch spürbar ist. Ich werde bei dem Versuch, Pilatus zu schildern, noch sehr deutlich auf diese Schuldfrage zurückkommen. Hier beim Lesen der biblischen Texte

ist es gleichgültig, wer »das Volk« spielt in Jesu Todes-
drama. Er selbst ist Jude. Der Mensch Jesus wird zu
seiner Zeit von Menschen seiner Zeit an den Galgen
gebracht. Von Priestern, vom Volk, von der Besatzungsmacht, zu welchen Teilen auch immer. Wo es
Juden waren, brachten sie einen der ihren um.

Es liegt also alles daran, daß wir beim Lesen der alten
Texte, beim Hören der großen Passionsmusiken so
schnell wie möglich begreifen, daß weit über die histo-
rischen Abläufe, die kaum noch zu rekonstruieren und
darum auch nur bedingt zu bewerten sind, wir selbst
gemeint sind. Der Kaiphas in uns, der Pilatus in uns,
und natürlich auch das Volk. Glauben wir ernsthaft,
alles hätte sich anders, also weniger haßerfüllt, weniger
verblendet, weniger feige in einem anderen Volk ab-
spielen können?

Ach, und gerade die Deutschen! Wir Deutschen in den
letzten hundert Jahren nur? Wie wir auf den Plätzen
und Straßen »Hosianna« und »Kreuzige ihn« geschrien
haben? Was allein auf dem Platz vor dem Schöneber-
ger Rathaus alles geschrien worden ist in nur vierzig
oder zwanzig Jahren. Gegen den Schah und den Bundespräsidenten und mich. Gegen Rudi Dutschke –
»Seht diese Typen an, schlagt ihn tot, schlagt ihn tot.«
Für Kennedy in brausendem Jubel, und unter Wasserwerfern und Tränengas gegen Ronald Reagan. Und
davor. Davor fast ein ganzes Volk für Hitler und den
totalen Krieg. »Wollt ihr den totalen Krieg?« Und dann
das tausendstimmige Ja, mitten in den Trümmern Ber-
lins und nach Stalingrad. Nein, wir Deutschen haben
den geringsten Anlaß, von den Juden als den Christus-
mördern zu reden.

Es ist schon unheimlich, wozu die Massen fähig sind. 300 000 Menschen können im Bonner Hofgarten sechs Stunden dicht gedrängt stehen und friedlich viel zu langen Reden zuhören und auf eine Bitte von Heinrich Böll nach Schluß der Kundgebung in strömendem Regen den riesigen Platz vom Abfall reinigen. Tausende können fanatisch brüllen, wenn ein Fußballtor fällt oder Franz Josef Strauß mit dem Bayerischen Defiliermarsch in eine Halle einzieht. Für zwei Drittel der Deutschen ist nach einer neuesten Umfrage Sicherheit und Ordnung der höchste Wert. Aber keine Polizeistreife, kein Zureden kann verhindern, daß auf unseren Straßen täglich ein Dutzend Menschen zu Tode gefahren werden. Und im Zeitalter des Fernsehens, da man in wenigen Minuten ein ganzes Volk gegen jedermann aufbringen kann, nehmen sich die Versuche, das Volk gegen Jesus aufzubringen, eher rührend aus. Was wir mit geschürtem Ausländerhaß und nun auch noch mit der Ausgrenzung von Aids-Kranken erleben, sollte uns schweigen lassen, wenn wir den Ruf nach Barrabas und das »Kreuzige« für den Gottessohn hören.
Miserere nobis.

Der Statthalter

Barrabas aber war ein Mörder. Da nahm Pilatus Jesum und geißelte ihn.

Ein Lexikon schreibt: »Pilatus, Pontius, gestorben Rom 39 n. Chr., römischer Prokurator von Judäa 26–36, rief durch seine strenge und willkürliche Amtsführung

118

mehrfach Unruhen hervor, wurde deshalb nach Rom gerufen, um Rechenschaft abzulegen, dort Selbstmord (?). Verurteilte Jesus zum Kreuzestod. In der christlichen Überlieferung nachsichtig beurteilt.« Da haben wir es: »nachsichtig beurteilt.« Wie immer man den zweiten Teil des Prozesses gegen Jesus beurteilen mag, als schnelles standgerichtliches Verfahren, in dem ein Unbequemer ohne viel Federlesens mit zwei anderen Übeltätern ans Kreuz gebracht wird, oder als Hin und Her zwischen einer fanatischen Menge und einem zögernden, immer wieder nachfragenden, von seinem endgültigen Urteil selbst nicht überzeugten Gerichtsherrn – die biblischen Texte sind die Basis für das »Agnus Dei«, für Abendmahl, Gefangennahme, Prozeß und Tod Jesu. Und so darf auch dieses Buch Pilatus so beschreiben, wie er in ihnen dargestellt wird, aus welchen Gründen auch immer.

Da ist nun wirklich dieser scheinbar so menschlich regierende Pilatus das Abbild von Generationen von Machthabern, die ihre Hände in Unschuld waschen und doch durch ihre Feigheit und ihren Opportunismus immer wieder entlarvend dargestellt haben, wer sie wirklich sind: bei aller Bindung und angeblichen Überlegenheit, in weißer Toga oder in korrekter Uniform, schwache, abhängige Kreaturen, die im Ernstfall den bequemsten Ausweg suchen. Wer immer er gewesen sein mag, dieser Pontius Pilatus, der brutale Ausbeuter und Tyrann oder der schwankende und schließlich nachgebende Inhaber staatlicher Macht, Pilatus ist heute mitten unter uns, in uns selbst, in jedem, der von Amts wegen ja oder nein zu sagen hat.

»Da sind zuerst die Zwänge, in denen er objektiv zu handeln hat. ›Wir haben ein Gesetz, wir haben ein Gesetz, und nach dem Gesetz soll er sterben.‹ Das Legalitätsprinzip, in deutschen Landen zu Tode geritten, hat seine verheerende Wirkung. Walter Jens, seine Frau und seine Freunde werden nicht ans Kreuz geschlagen. Die Strafen sind vergleichsweise lächerlich. Aber nach einem Paragraphen, der die Verwerflichkeit der Tat für die Bestrafung zur Voraussetzung hat, werden sie verurteilt, weil sie gegen die Massenvernichtung von Mensch und Tier, von allem Leben demonstrieren und einen US-Konvoi fünf Minuten warten lassen. Da sind die tatsächlichen oder vermeintlichen politischen Zwänge. In den Demokratien das Schielen auf die nächste Wahl, auf die nächsten Kommentare in den Zeitungen; in den Diktaturen auf die Machtkämpfe hinter den Kulissen. In besetzten oder quasibesetzten Ländern die Abhängigkeit von den Weltmächten. ›Wir haben keinen König denn den Kaiser.‹ Das kann, wir wissen es und erleben es täglich, bis zum Verlust jeder menschlichen Würde, ja der Identität ganzer Völker führen. Da sind die Tabus, die großen Tabus, über die am besten gar nicht geredet wird. Wir haben es gerade wieder erfahren. Da spionieren die Siegermächte auf deutschem Boden fröhlich gegeneinander, da wird auch einmal ein Mensch kurzerhand erschossen – uns geht das nichts an. Und da sind vor allem die eignen Verhaltensweisen. Die Überreaktionen und das Aussitzen. Das Weglächeln aller Probleme und Konflikte, das Ausweichen und Dementieren, die schlichte halbe oder ganze Lüge. Pilatus in uns.

Und dazwischen der dieser Macht hilflos ausgelieferte Mensch. Das wirkt im Prozeß Jesu archaisch und darum besonders brutal. Das ist in einem Rechtsstaat hundertfach abgemildert. Und niemand soll die Tatsache verachten, daß jeder Akt staatlicher Gewalt in unserem Lande wirklich nachprüfbar ist – und daß er öffentlich wird. Nur: Das Nachprüfen kommt meistens sehr spät oder zu spät, und der Mißbrauch der Macht ist fast immer durch Presse und Rundfunk und nicht durch die amtlichen Kontrollorgane ans Licht gekommen. Auch Pilatus wurde zur Rechtfertigung nach Rom gerufen. Zu spät.

Pilatus in uns. Fast jeden Tag liegen in meiner Post Briefe, die von ihm berichten. Heute ist er oft nur eine Maschine, eine falsche Computerberechnung, gegen die man jahrelang vergeblich kämpft, eine nicht gelöschte Torheit in einer Datenanlage der Polizei. Heute ist Pilatus oft ungreifbar, unsichtbar, allgegenwärtig. In West-Berlin durch Besatzungsrecht praktisch unkontrollierbar in jeder Telefonleitung.

Ja, da ist er, der römische Statthalter, in all seiner Herrlichkeit, armselig und überwältigt von Furcht. Nach meiner Erfahrung ist Furcht das gefährlichste Gift. Furcht davor, gegen den schreienden Plebs zu entscheiden – der braucht gar nicht auf der vielberedeten Straße zu hören sein. Das ist oft eine Balkenüberschrift in einer Boulevardzeitung, die tödlich wirken kann. Da ist die Furcht, in einer Fraktion, in einem Parlament, in einer Synode allein zu bleiben. Da ist die Furcht, plötzlich in der falschen Ecke zu stehen. Verschwiegen zu werden, eine Unperson zu sein, ein Spin-

ner, ein Träumer, ein Sympathisant. Da ist die Furcht, als Schwächling zu gelten. Da ist die Kameraderie und die Kumpanei in allen Spielarten. Da sind die Leichen im Keller der eignen Vergangenheit. Wie sehr mag der seltsame Mann aus Nazareth den Pontius Pilatus irritiert haben. Die völlige Gewaltlosigkeit gegen seine klirrenden Legionen. Die völlige Wahrheit gegen seine kleinen und großen Lügen. Die klare Legitimität gegen seine Legalität. Dieses Ausgeliefertsein und das strahlende, feste: ›Du sagst es, ich bin ein König.‹ Der König der Welt gegen den Sklaven des Kaisers von Rom und den Pöbel draußen. Vielleicht liegt hier sogar der Schlüssel für das Verhalten des Mächtigen, wie es Johannes schildert. Er hätte das ganze Theater ja in fünf Minuten erledigen können. Aber nun steht er vor einem, den er noch nie gesehen hat. Seine tönerne Gewalt vor dem gewaltlosen Jesus. Ich weiß es nicht. Ich bin kein Psychologe. Wenn Jesus jetzt in meine Stube träte, jetzt, wenn ich dies schreibe, jetzt, in diese Kirche, ich könnte nichts anderes mehr sagen als Thomas: ›Mein Herr und mein Gott.‹
Aber was ist es, wenn heute der Herr Jesus Christus den Mächtigen begegnet? Einem Richter in Stammheim, einem Polizeipräsidenten in Berlin, dem Bundesminister des Innern oder für Verteidigung? Können sie sich aus der Verantwortung stehlen, dürfen sie auf die Entscheidung verzichten, die ihnen abverlangt wird? Einige haben es getan. Es waren nicht die Schlechtesten. Aber die, die bleiben und deren Bleiben ihre Pflicht zu sein scheint oder sogar ihre Pflicht ist? Christen also, Leute, die versuchen, Christen zu sein in der Politik, in

den Zentren staatlicher und wirtschaftlicher Macht? Ja, sie sollen wohl bleiben. Es wäre schrecklich, wenn sie alle gingen oder sich von vornherein verweigern würden. Aber sie dürfen sich nicht *mehr* fürchten, als unbedingt notwendig ist. Sie sollen jeden Tag einmal an Pilatus denken. Sie sollen nicht vergessen, daß Jesus, formal zu Recht und ganz korrekt, hingerichtet worden ist, ein Verbrecher unter Verbrechern nach damaligem Gesetz. In den Gerichtssälen mancher deutscher Bundesländer hängt noch ein Kreuz. Nur die Angeklagten sehen es. Zum Trost, zur Buße? Drehen sich die Richter manchmal um? Sie sollten es tun und an Pilatus denken. Und wir alle auch.«

Das habe ich während einer Aufführung der Johannespassion 1985 in der Stuttgarter Stiftskirche vorgetragen. Ich habe dem nichts hinzuzufügen. Ich kann es auch nicht besser oder anders sagen. Man darf bei sich selber abschreiben, sagt mein lieber Lektor. Die Bilder gestern abend im Fernsehen: der Papst, also Kaiphas, an der Seite Pinochets. Der Papst umarmt eine junge Frau, die Soldaten des faschistischen Regimes in Chile angezündet und schwer verletzt haben; ihr Freund, ein Student, verbrannte. Der Papst im Stadion von Santiago, dem Mord- und Folterplatz für Tausende. Wasserwerfer, Knüppel, Steine. Ein Toter. Der Papst bei Pilatus. Miserere nobis.

»Komm mit nach Bremen, etwas Besseres als den Tod finden wir überall.«

> Hessischer Esel und Stadtmusikant im Märchen der Brüder Grimm.

Die *Süddeutsche Zeitung* hat diesen Satz über einen Bericht gesetzt, den sie vor den hessischen Wahlen vom 5. April 1987 veröffentlichte. Lese ich ihn heute, ist er von so viel bitterer Ironie, daß ich ihn nicht weglassen kann, auch in der Passionsgeschichte nicht: denn wenn es so weitergeht in unserer schönen Republik, dann wird am Ende dieses Jahres Bremen vielleicht das einzige, zugleich kleinste, Land sein, das nicht im »Weiter so« untergegangen ist und mit dem anderen Zwerg, dem Saarland, und Johannes Rau in Düsseldorf die drei verblaßten roten Fahnen hochhält — seht, es gibt uns noch. Ja, ich sitze in Bremen, schaue aus dem Fenster, alles läuft wie jeden Tag. Der kleine Bus fährt mit ein paar alten Damen zum Schwimmbad, das große gelbe Postauto kommt, und der Bote trägt zwei grüne Säcke ins Haus, die ersten Taxen bringen meine freundlichen Nachbarn in die Stadt. Auch ein Kranken-wagen kommt, aber es ist anscheinend nichts Ernstes, kein blaues Licht, keine hetzenden Träger, kein laufen-der Motor. Im übrigen sagen die Leute, nun endlich käme der Frühling. Die Vögel scheinen es schon zu wissen, die kleinen Hunde rennen fröhlich in die Wie-senwege. Ich denke an den meinen in Berlin, der es gut hat, sehr gut bei seiner neuen Herrin und mich sicher längst vergaß. Ja, ich habe in Bremen viel Besseres als den Tod gefunden.

Es waren 1502 Stimmen Mehrheit für den Herrn Wallmann und für das Plutonium. Wie im Saarland, in Schleswig-Holstein, in Rheinland-Pfalz, in Niedersachsen, in Hamburg stehen sich in Hessen die beiden Blöcke fast gleich stark gegenüber – nur in Bremen und Nordrhein-Westfalen sind andere Verhältnisse und südlich des Mains, natürlich, natürlich, seit eh und je. Das alles sage ich mir. Merkwürdigerweise bringt es keiner öffentlich vor.

Aber nichts hilft über die Tatsache hinweg, daß der 5. April eine größere Katastrophe war als der 25. Januar, das Datum, das dieses Buch veranlaßt hat. Denn Hessen war, ja ich schreibe »war«, es ist nicht mehr, eine sozialdemokratische Mitte der Bundesrepublik. Entschlußlosigkeit der SPD und Erfolge der Grünen haben zu einem düsteren Ergebnis geführt. Beide Parteien haben gemeinsam bewirkt, was sie verhindern wollten: daß nun auch diese Mitte umgewandelt wird, schnell und ohne mit der Wimper zu zucken. Alkem und Nukem, diese Todesfabriken, erhalten ihre Betriebserlaubnis, unbeschränkt, und die Intimfreunde von Hoechst und der Deutschen Bank errichten deren Filialen in der hessischen Regierung. Die ersten Signale werden schon gesetzt: der Bundeskanzler spricht von der Notwendigkeit des Schulterschlusses zwischen den Altparteien gegen die zehn Prozent Grüne, der »Aufrührer und Gewalttäter«. Das hören auch in der SPD gewisse Leute nicht ungern. Von der Vernunft der

Vernünftigen ist die Rede gegen die Gefühle der Unwissenden. Und in Hanau, dem Ort des Schreckens, hatte die CDU die größten Gewinne. Wie die Lemminge wählen die um ihren Arbeitsplatz Besorgten die Risiken für ihre Kinder und Enkel.

1502 Stimmen. Ich kann nichts tun als hier in Bremen sitzen und schreiben. Wer jetzt aufgibt, geht unter. Wer jetzt schweigt, wird nichts Besseres mehr als den Tod finden. Der hessische Esel sagt seinen Satz zu einem Hahn, der am nächsten Tag geschlachtet werden soll. Der Hahn hockt auf dem Esel. Ihnen und den zwei anderen Stadtmusikanten hat man auf dem Bremer Markt ein Denkmal gesetzt.

Es sollte uns ermutigen. Die Hähne krähen auch in der Passionsgeschichte genau an der richtigen Stelle.

Die Henker

Da nahmen die Soldaten des Statthalters Jesus mit sich in das Prätorium und sammelten die ganze Abteilung um ihn. Dann zogen sie ihn aus und legten ihm einen Purpurmantel um, flochten eine Dornenkrone und setzten sie ihm aufs Haupt und gaben ihm einen Stab in die rechte Hand, beugten die Knie vor ihm, verspotteten ihn und sagten: Sei gegrüßt, König der Juden, und spuckten ihn an, nahmen den Stab und schlugen ihn damit auf den Kopf...
Als sie ihn aber gekreuzigt hatten, verteilten sie seine Kleider und warfen das Los darum.

Der Staat hat das Gewaltmonopol. Wie übt er es aus? Wer den schauerlichen Text über die Folterung Jesu liest, ihn womöglich in der Matthäuspassion als Rezitativ des Evangelisten hört, wird sich beruhigt in seinen Stuhl zurücklehnen – in unserem aufgeklärten Lande sind solche Exzesse unmöglich. Wo sie wirklich einmal geschehen, werden sie streng bestraft. Und meistens sind Berichte über Ausschreitungen einzelner Beamter der Exekutive, Polizei und Justiz, weit übertrieben und enden in Freisprüchen für die Betroffenen. Und Soldaten haben schon gar nichts mit Hinrichtungen zu tun. Nur Deserteure im Kriegsfall, die müssen natürlich erschossen werden.

Jawohl, die Brutalität des Altertums, auch zu Zeiten der Götterkaiser Augustus und Tiberius im Römischen Reich, gibt es heute nur noch außerhalb Europas. Die Dokumente, die Amnesty International jährlich über Folterungen in aller Welt vorlegt und in Ausstellungen zeigt, gehören zum Bild der Moderne – sprich: der Unterdrückung von Schwarzen durch Weiße, ganzer Völker durch regierende Familienclans der Reichen, in Lateinamerika über Jahrzehnte von den Vereinigten Staaten ausgehalten, und Militärdiktaturen, in Chile mit Hilfe der CIA installiert, in der Sowjetunion bis zum Regierungsantritt Gorbatschows auf die feinere Art in psychiatrische Kliniken verlegt, in Schwarzafrika immer wieder durch einzelne korrupte Herrscher bis zum Massenmord getrieben. Wir sehen das alles, wir protestieren laut oder sehr leise – in Argentinien kaum hörbar in den Jahren, als Tausende von Bürgern einfach im Nichts verschwanden. Wir treiben gewinnbringenden Handel mit all diesen Regierungen. Wir schikken vor der Folter in jeder Form Flüchtende im Zweifelsfall in den Tod zurück. Kein Papst exkommunizierte Somoza oder Pinochet. Johannes Paul II. verweigert dafür Ernesto Cardenal den ehrerbietigen Handkuß. Die Waffen und Marterwerkzeuge stammen in aller Regel aus den Arsenalen der Nato-Länder oder der Sowjetunion. Und sie werden dann oft auch noch als Entwicklungshilfe angerechnet. Das ist die Lage. Der gefolterte Jesus von Nazareth, verhöhnt, bespuckt, hat viele Gesichter: schwarze, braune, gelbe, weiße. Es ist immer die Geschichte von Wehrlosen, von Minderheiten, in der Geschichte der Deutschen schließlich die Juden. Wo wir hinschauen: ecco homo. Siehe, da der Mensch.

Die Bundesregierung hat bis heute die Konvention über das Verbot der Folter nicht unterschrieben. Sie argumentiert, daß sie, täte sie es, zugeben müßte, daß sie ein solches Verbot nötig hätte. Nun, solche Konventionen sind immer Papier geblieben. Aber manchmal mögen sie nützlich sein auch zum Nachdenken darüber, was im eigenen Lande geschieht.

Die Todesstrafe ist abgeschafft. Dieser Satz steht Gott sei Dank im Grundgesetz. Sonst hätten wir womöglich immer wieder Parlamentsdebatten über ihre Wiedereinführung. Eine starke Minderheit an den Biertischen will sie ohnehin. Die Gesetze über die Anwendung unmittelbaren Zwanges – so umständlich wird das Gewaltmonopol des Staates umschrieben – sind eindeutig. Die Angemessenheit der Mittel ist unbestrittene Rechtsnorm. Wir haben unabhängige Richter. Die Ohrfeige, die der Hamburger Senat für die stundenlange Einkesselung von Demonstranten von Gerichts wegen hat einstecken müssen, war herzerfrischend. So weit, so gut?

Ich bin selbst Polizeisenator gewesen, freilich zu einer Zeit, als die Polizisten noch nicht wie mittelalterliche Söldner herumliefen und der Einsatz von Wasserwerfern die absolute Ausnahme war. Aber ich weiß aus dieser Zeit nur zu genau, wie schwer es ist, die Aggression von uniformierten, meist jungen Beamten im Zaum zu halten, wie sehr Gewalt auf der Straße auch ihre Gewalt, ihr oft rücksichtsloses Prügeln Gewalt provoziert, und wie sehr sie sich gegenseitig decken, kommt es zum Prozeß wegen Mißbräuchen in ihrem Amt.

Das gleiche gilt für den Strafvollzug im Bereich der Hochsicherheitstrakte, der mehrmaligen Verhängung der lebenslangen Haft gegen einen Täter. Wer in diesem Umkreis Dienst tut, muß bewundert werden, wenn er ihn menschlich leistet und nicht selbst zum Gefangenen roher Gewalt wird.

Die Henker Jesu haben getan, was damals üblich war. Offensichtlich sogar mit Lust und Laune und einer makabren Phantasie. Sie waren Besatzungssoldaten in einem fremden Lande, als Foltern und Henken zur täglichen, noch dazu öffentlich ausgeübten Routine gehörte. Wie viele Aufrührer mögen sie im Monat nach Golgatha geschleppt haben? Und wie viele Todesurteile sind über die Jahrhunderte – nicht nur in den Ketzerprozessen – vor dem Bilde des Gekreuzigten gefällt worden? Wie lange ist es her, daß ein deutscher Führer und Reichskanzler sich die grausame Hinrichtung der Attentäter vom 20. Juli 1944 im Film vorführen ließ –

der Mann, dem unser Volk in seiner erdrückenden
Mehrheit folgte, und der heute schon wieder als Betriebsunfall der deutschen Geschichte verharmlost
wird?

Die Briefe, die ich ständig erhalte, anonym oder mit
falschen Adressen (und in den Papierkorb werfe), »aufhängen sollte man Dich, Du Schwein« — »in die Weser
den Fischen zum Fraß vorwerfen«, sind, fürchte ich,
nicht nur der Bodensatz menschlichen Hasses.

Das Zeitalter der neuen Barbarei, in dem wir leben, und
das wir täglich mit immer neuen Bildern brutaler Gewalt schon unseren Kindern vorführen, liegt sehr nahe
an der Szene von den Soldaten des Pilatus, die Jesus auf
Befehl umbrachten.

Miserere nobis.

Die Frauen

**Es standen aber bei dem Kreuz Jesu auch seine Mutter und
die Schwester seiner Mutter, und Maria, die Frau des
Klopas, und Maria von Magdala.**

Ja, da stehen sie. In diesem Evangelium wird auch
Johannes genannt, der mit ihnen gewesen sei. Ich weiß
es nicht. Aber sie sind da, die Mutter Jesu, ihre Schwester und Maria Magdalena. Die Gefährten haben ihn
verlassen, zwei von ihnen haben ihn verraten, einer von
ihnen ist inzwischen tot, die anderen haben sich wahrscheinlich längst verborgen: in Wohnungen von Freunden, subversiven Wohnungen von Sympathisanten, in
panischer Angst vor ihren Verfolgern.

Aber diese drei Frauen sind geblieben. Die Mutter sieht den qualvollen Tod ihres Sohnes, wie sie den schon schwer geschlagenen Mann aufhängen, wie er röchelt und schreit und stirbt, nach Stunden, Stunden in der Mittagsglut. Dieser Sohn, der sie eigentlich schon verließ, als er geboren wurde, von den Engeln in einen Himmel gehoben, den sie nicht kannte. Der ihr verlorenging als Junge im Tempel, den sie bei der Hochzeit in Kana nicht verstand, und der dann, dreißigjährig, aus Nazareth wegging, bis zu diesem Ort des Grauens. Wir wissen nicht, wie sie die Geschichten aufnahm, die sie von ihm hörte, seine Reden, die Nachrichten über wunderbare Heilungen. Über die ersten Zusammenstöße mit den Rechtgläubigen. Nichts wissen wir. Nur, daß sie hier stand und ihren Sohn sterben sah. Hilflos. Vor den Absperrungen. Zwischen den höhnenden Spaziergängern — »anderen hast du geholfen, nun hilf dir selbst und steig herab vom Kreuz«. Die andere, Maria von Magdala hat ihn begleitet. Luise Rinser hat über sie geschrieben, »Mirjam« heißt das Buch, und jeder sollte es lesen, um zu begreifen, wer hier am Kreuze stand neben der Mutter Jesu. Was auch immer aus menschlichen, hauptsächlich männlichen Vorurteilen und Beschränktheiten über sie verbreitet worden ist, sie war eine Frau, ein Mensch, der dem Mann aus Nazareth wohl sehr nah war, ihn besser verstand als die Gefährten, und die von Jesus angenommen wurde in einer Männergesellschaft, die sich bis heute im Grunde kaum verändert hat. Sie hat ihn wohl verstanden. Sie hat im Angesicht seines Todes wahrscheinlich noch tiefer gelitten als seine Mutter. Denn sie ahnte, wer hier starb.

Es ist schon grotesk, wie diese Frauen am Kreuz in der Geschichte der christlichen Kirche verdrängt worden sind. Aus Maria, der Mutter Jesu, hat Rom die Königin des Himmels gemacht, läßt bis heute aber nicht zu, daß Frauen oder junge Mädchen dem Priester bei der Messe ministrieren dürfen. Seit Paulus ist der Mann unangefochten des Weibes Haupt, Eva bei den Kirchenvätern die Hauptschuldige an der Vertreibung aus dem Paradies, und der Kampf der Frauen für ihre Gleichberechtigung seit 150 Jahren also folgerichtig auch immer ein Kampf gegen diese Jesus verratende Männerherrschaft, gegen das Patriarchat, in dem jeder Mann, auch ich, so bequem und gedankenlos gelebt hat.

Man mag von den wunderbaren Umständen von Jesu Geburt halten, was man will. Von Josef ist wenig die Rede. Er kann einem fast leid tun. Zwar mußten wir in der Schule noch die Namen der Jünger, also der Männer um Jesus, auswendig lernen. Aber mindestens ebensoviele Frauen wie diese braven und nicht sehr intelligenten Gefährten haben den Herrn begleitet, von denen die meisten namenlos blieben. Immer sind sie ihm, im Gegensatz zu der Welt, in der er lebte, Menschen gewesen wie die Männer auch. Und nun eben, in der Stunde, in der es darauf ankam, bei ihm zu bleiben bis zum bitteren Ende, sind sie es, die aushalten. Die Frauen hat er als letzte gesehen, neben denen, die ihn henkten und die ihn verspotteten. Die Mutter, ihre Schwester, und eben jene Maria, Mirjam.

Sie werden ihn mit Josef von Arimathäa zu Grabe tragen. Sie werden am Ostermorgen als erste das leere Grab sehen. Sie werden den Männern berichten. Ohne

diese Frauen wäre Jesus ein vergessener Rabbi geblieben. Irgendwo tauchte vielleicht sein Name auf, als ein von Pontius Pilatus hingerichteter Anführer. Es gäbe keine christliche Kirche ohne sie. Oh, diese Päpste und Bischöfe und wir männlichen Priester und Pfarrer!
Wir müssen in den nächsten Jahrhunderten den Schutt der Herabsetzung und Beleidigung der Frauen abtragen, Stein für Stein, wenn uns noch die Zeit dafür bleibt.
Miserere nobis.

Brot und Wein

Denn der Herr Jesus in der Nacht, da er verraten ward, nahm das Brot, dankte und brach's und sprach: Nehmet, esset, das ist mein Leib, der für euch gebrochen wird; solches tut zu meinem Gedächtnis. Desselbigengleichen auch den Kelch nach dem Abendmahl und sprach: Dieser Kelch ist das neue Testament in meinem Blut; solches tut, so oft ihr's trinket, zu meinem Gedächtnis.

(1. Korinther 11, 23b−25)

Dies alles muß man in Erinnerung bringen, wenn der Korb mit dem Brot und der Kelch voller Wein durch unsere Hände geht − um den Tisch stehend in einem großen Kreis, die Augen auf das Bild des Gekreuzigten gerichtet. Er ist nun still und schreit nicht mehr. Wir alle haben ihn umgebracht und bringen ihn täglich von neuem um − laut und brutal in den Ländern jenseits der Meere, leiser und höflicher im alten Europa, mit einem Schwall von Worten, mit Ausgrenzung und Armut, mit

Folter und Waffen, in den Gefängnissen und Lagern. In allen Opfern kehrt er wieder und sieht uns an. Wir essen sein Brot und trinken seinen Wein.

Es ist schon eine Zumutung, das Bild dieses Mannes am Kreuz so vor uns aufzurichten. Kein strahlender Gott, keine helle Sonne, keine unserer großen Überschriften: Freiheit, Gerechtigkeit, Frieden. Vielleicht liegt hier der entscheidende Unterschied zwischen den Weltreligionen. Man hat ihn verschönt und golden gemacht in prächtigen Altären. Aber das Bild ist geblieben: dieses Königs der Juden, als Verbrecher hingerichtet.

Und die Zeichen der Gemeinschaft mit ihm sind die einfachen Symbole von Essen und Trinken. Die Erinnerung an das letzte Stück Brot und den letzten Schluck Wein, die er zu sich nahm, bevor ihn die Schergen griffen. Die Lehre über die Bedeutung dieser Zeichen hat die Christenheit gespalten. Wer je ihren tiefsten Sinn erfuhr, wird den Unsinn theologischen Streites nie begreifen. Denn der Sinn dieses Mahles ist Befreiung: Du bist Gast an seinem Tisch mit dem Verräter. Es ist das Mahl von Pessach, dem Tag, als die Ketten Ägyptens für das Volk Israel zerbrachen, dem Tag des Aufbruches und des Auszuges, von Jesus gefeiert und an uns weitergegeben, damit wir frei sein möchten und den Mut zum Aufbruch und Auszug finden. Ein Aufbruch aus der eigenen Schuld und Verstrickung und aus der Anpassung an die Herrschenden und die Gewalt, mit der sie ihre Herrschaft sichern.

Die Messe ist ein Freiheitsmahl. Was ist davon geblieben? In der römischen Kirche immer noch, am deutlichsten in den päpstlichen Schaustellungen von Brot und Wein vor Tausenden von Menschen und in Stadien, eine Vorstellung priesterlicher Abgrenzung zum Volk der Gläubigen. In den protestantischen Kirchen oft nur eine geduldete Zugabe zu mehr oder minder klugen Predigten. Aber trotz dieser traurigen Entwicklung auch quer durch die Konfessionen eine neue Hoffnung auf die Gemeinschaft mit dem seltsamen Mann aus Nazareth und untereinander.

Als in den schwierigen Jahren 1975 bis 1978 in den Gottesdiensten, die ich zu halten hatte, mehr junge als alte Menschen kamen – zu Brot und Wein – in großen Scharen, war die Stille um den Tisch vor dem Bilde des Gekreuzigten wichtiger als jede Predigt und jedes Gespräch in meinem Amtszimmer. Mitten zwischen Terror und Stammheim und später mitten zwischen Mutlangen und Wackersdorf – der Platz, wohin wir gehörten, in einer seltsamen Gewißheit, der Freiheit näher zu sein vor dem Bilde äußerster Hilflosigkeit als draußen auf den Straßen – auf die wir dann wieder gingen mit weniger Furcht und mehr Hoffnung.

Die Orgel schweigt. Ich lese mit langen Pausen alte Texte. Auch den Satz des Sterbenden an seinen Nachbarn im Tod: »Heute wirst du mit mir im Paradies sein.«

Gloria, Gloria in excelsis Deo.

Die Sonne will nicht kommen. Der Wind weht vom Meer mit vielen Wolken, die Weser herauf bis in unseren Hafen. Wie weit liegt Berlin? Gestern ist das amtliche Jubelbuch zu mir gekommen für die 750-Jahrfeier mit Beiträgen von Abs bis zur Gräfin Yorck von Wartenburg. Große Liebeserklärungen, Erinnerungen, aber auch vieles Nachdenkliche, den Zustand der absurden Stadt Beschreibende. Hier ist das alles sehr fern. Es gibt keine nennenswerten Subventionen. In der schwarz gewordenen Republik sind die weißen Flecken die Armenhäuser der Republik mit sterbenden Werften, in die Krise geratenen Stahlwerken und Kohlengruben – Hamburg, Bremen, Nordrhein-Westfalen, das Saarland. Noch einmal eine Ausgrenzung besonderer Art.

Die Menschen sind freundlich, hier im Haus, auf den Straßen, in den Geschäften und Bussen. Das Singende in ihren Stimmen ist geblieben, manchmal ins Plattdeutsche ausweichend. Vor meinem Fenster fahren nun die Autos weg und bringen die alten Damen und Herren zu ihren Kindern, Ostern zu feiern. Ich muß am Samstag auf dem Marktplatz reden zum Ostermarsch 1987, am Sonntag in einer kleinen Kirche im Westen der Stadt predigen. Es wird nicht viel mit dem Ruhestand. Aber es ist gut so.

Der kleine Hund fehlt mir sehr. Ich sehe – gegenüber, wo die jungen Familien wohnen – viele seiner Gefährten laufen und schaue ihnen nach.

Der Markt ist wirklich einer der schönsten in Europa: das alte Rathaus und die Bürgerhäuser, die beiden großen Kirchen, der Dom der Bischöfe und gegen diesen Dom die andere Kirche, »Unsere lieben Frauen«, von den Bürgern gegen den Bischof gebaut, Roland und Stadtmusikanten und, erstaunlich geglückt, modern und doch zum Ensemble des Platzes gehörend, der Neubau der Bürgerschaft, das Parlament der Freien Hansestadt Bremen. Der Platz voller Menschen. Die

Sonne war doch noch gekommen in einem kühlen Wind. Vor der Bürgerschaft ein Zeltwagen mit einem Podium, schwierig zu besteigen und nicht ganz sicher befestigt. Junge, Alte, viele Kinder, viele Hunde, Fahnen, Transparente, eine ganz breite Front von eher konservativen Arbeitern aus den Werften bis zu den »linken« Bürgersöhnen und -töchtern, von Kirchengruppen bis zur DKP. Eine fast heitere Stimmung. Am Schluß erzählte ich noch einmal das Märchen: »Komm mit nach Bremen, etwas Besseres als den Tod werden wir überall finden.« Etwas Besseres als den Tod. Leben. Aber die es zu entscheiden haben, tun anscheinend alles, um den Durchbruch zu weniger Tod zu verhindern. Neue Bombenflugzeuge werden von Spanien nach Deutschland verlegt. Sprengköpfe lagern hier, die in wenigen Minuten in Neutronenbomben umgerüstet werden können. Die Bundesregierung weiß von diesem allem nichts, oder sagt, sie wisse nichts. Beides ist gleich schlimm. Der Friede ist ein Risiko. Der erste Schritt zum Frieden ein noch größeres Risiko. Der Mann in Moskau hat ihn getan, offensichtlich zum Entsetzen der Herren Weinberger und Wörner. Aber das Risiko der Vernichtung ist doch wohl größer. Wenn diese Chance aus dem »Reich des Bösen« vertan wird, sind wir dem größten, letzten Risiko wieder ein Stück näher gekommen.

Ja, Marktplatz und Kirche gehören zusammen. Der Marktplatz kann zwar ohne die Kirche leben. Wie er dann aussieht, haben wir zwölf Jahre lang erfahren. Aber die Kirche lebt nicht ohne den Markt, ohne die Menschen. Die kleine Waller-Kirche am Ostersonntag

war überraschend schön. Mit bunten Fenstern, Blumen, Brot und Wein, und drei kleinen Kindern, die getauft wurden, ahnungslos, was ihnen da geschah. Aber was ahnen wir sogenannten Erwachsenen?
Zu Hause Schlaf und der Besuch von Tochter und Enkelin. Leben, Leben.

IX

PATER NOSTER, QUI ES IN CAELIS

Pater noster, qui es in cælis:
sanctificetur nomen tuum;
adveniat regnum tuum;
fiat voluntas tua, sicut in cælo, et in terra.
Panem nostrum cotidianum da nobis hodie;
et dimitte nobis debita nostra,
sicut et nos dimittimus debitoribus nostris;
et ne nos inducas in tentationem;
sed libera nos a malo.
Quia tuum est regnum, et potestas,
et gloria in sæcula.

Vater unser im Himmel,
Geheiligt werde dein Name.
Dein Reich komme.
Dein Wille geschehe, wie im Himmel so
auf Erden.
Unser tägliches Brot gib uns heute.
Und vergib uns unsere Schuld,
wie auch wir vergeben unsern Schuldigern.
Und führe uns nicht in Versuchung,

sondern erlöse uns von dem Bösen.
Denn dein ist das Reich und die Kraft
und die Herrlichkeit in Ewigkeit.
Amen.

Nun also doch »Vater«. Das ist über die Jahrhunderte millionenfach gebetet worden und wird bis ans Ende der Tage gebetet werden: öffentlich, in jedem Gottesdienst, über winzigen Kindern bei der Taufe, bei den kirchlichen Trauungen, und vor allem an den Gräbern, wenn der Sarg schon herabgelassen ist in die Erde oder sich Türen über ihn geschlossen haben in den Krematorien. Friedlich. Oder mit dem martialischen Ritual der Soldaten, oder ehe der Henker seine Pflicht tut. Aber vor allem eben auch allein, weil hier ein Text ist, an dem man sich festhalten kann. Die religiösen Analphabeten unserer Wegwerfgesellschaft werden vergeblich nach einem anderen Text suchen. In tiefster Einsamkeit und Verzweiflung, in Todesangst um das eigene Sterben oder am Bett eines geliebten Menschen, oder im Gefängnis.

Aber »Vater«? Der namenlose Gott »unser Vater«? Es fällt schwer, sich das vorzustellen, und ich gebe zu, ich selbst flüchte mich oft in den Zusatz: »und mein Herr und Bruder Jesus Christus, Gottes Sohn«. Das »Ave Maria« in der katholischen Welt mag eine ähnliche Funktion haben. Denn den Vater kann ich mir nur ausdenken. Der Sohn, die Mutter waren Menschen. Ich spreche mit ihnen. Ich bin nicht mehr allein. Sie waren auch einsam und verzweifelt und sind gestorben. Gott stirbt nicht. Er ist sehr fremd.

Dabei bin ich selbst ein Vater. Ein schlechter Vater, als die Kinder klein waren – sie sind Mutterkinder, Gott sei Dank –, ein besserer, als sie älter wurden und der Abstand geringer. Nur ist doch väterliche Welt immer auch eine Herrschaftswelt gewesen: Gott im Himmel, der König auf der Erde, der Vater im Hause, der Meister

141

im Betrieb, der Lehrer in der Schule, der Vorgesetzte auf allen Stufen – und die anonymen Herrschaftszwänge dazu: Mehrheiten, Abhängigkeiten von allem und jedem, die eigene Angst als Herr dazu. Von oben nach unten, von unten nach oben.

Dies alles soll ich vergessen, durchbrechen, wenn ich das Vaterunser beginne. Da steht ja ein Possessivpronomen. Ein besitzanzeigendes Fürwort. Es ist eine unerhörte Eingangsformel in eine andere Welt. Der Vater, den ich nicht kenne, soll mir, soll uns gehören. Ich kann ihn in Anspruch nehmen über alle Väter und Herren hinweg. Er ist mein Vater. Der Schöpfer in der Hand des Geschöpfes, der Ewige, Zeitlose in meiner Zeit. Der Befreier von meinen Zwängen. Ich könnte auch Mutter sagen. Ich beneide die Katholiken um ihre Maria. Aber ich sehe das Antlitz des Namenlosen in dem Sohn. Dieses ganze Buch redet ja von ihm.

Es ist für einen Leser, der nicht in der christlichen Tradition aufgewachsen ist oder in einer der anderen Weltreligionen groß wurde, sicher schwierig zu verstehen, was ein Gebet bedeuten kann. Vor allem eines: Stille. Nach einem vollen Tag mit Hunderten von Gesichtern, die ich gesehen, nach allem, was ich gesprochen, gehört, an Nachrichten und Meinungen in mich aufgenommen habe, denke ich: Gott sei Dank, nun ist es gut. Nun bist du da, wo du eigentlich hingehörst, bei dir, allein. Du liegst, unbeschreiblich geborgen, und streckst deine müden Beine aus. Die Gesichter, böse und gute, verschwimmen. Die Reden verstummen. Die Nachrichten versinken. Es sind nur noch zwei übrig. Er, der unnennbare Namenlose, oder, besser noch, er, der Sohn. Und ich. Niemand zwischen uns. Kein Priester, keiner, der zuhört. Ruhe ist angesagt, vollkommene Ruhe. Es gibt nur noch zwei Namen, seinen und meinen. Aber ich kann die anderen nun nennen, leise, aber deutlich, die Namen der Frau, der Kinder, der Enkel, des Sohnes Boock in seinem Gefängnis, der Leute von Soweto, des Ernesto Cardenal, der Freunde drüben in der DDR, in Polen. Ich denke an sie alle, von denen am Tage die Rede war, nun in der Nacht des Schweigens, und an die, die es nötig haben könnten, und auch an die Gegner und Feinde.

Der alte Text breitet die ganze Welt aus. Von seinem Namen ist die Rede, von seinem kommenden Reich, das schon begonnen hat, von seinem Willen, der geschehen soll und geschehen wird, was immer wir uns ausdenken, tun oder unterlassen. Dreimal kommt das Wort »Dein« vor. Das ist gut. Du kannst dich loslassen.

Aber dann kommt das »Unser«. Es ist eine seltsame Zusammenstellung: das Brot, die Schuld und die Versuchung. Das Brot ist etwas Handfestes. Du kannst nun daran denken, wo es fehlt. Und du weißt, es ist nicht nur Essen und Trinken. Es ist Frieden, Freiheit, Gerechtigkeit, Leben hier auf dieser Welt, nicht im Himmel. Dort ist es nicht mehr nötig. Die Schuld, die du hast, kennst du. Es ist gut, daß du nun allein mit ihr bist und mit dem, der sie dir abnehmen kann und abgenommen hat, damals schon, als er für dich starb. Und das Böse kennst du. Es ist nicht das Reich des Bösen im anderen Teil der Welt, sondern es ist deine Welt. Du kannst es nun ganz allein für dich wiederholen, das »Miserere nobis«.

Ja, das mag alles sehr fremd klingen. Als wir in München über dieses Buch sprachen, die Freunde vom Verlag und ich, haben sie gesagt, ich möchte doch Hilfen geben. Hilfen zu mehr Zuversicht und zum unbeirrten Handeln. Dieses, diese innerste Kammer der Ruhe ist vielleicht die wichtigste. Wer nicht ruhig werden kann, wird keine Unruhe in die Welt bringen können. Unruhe zur Veränderung zum Besseren. Wer nicht allein sein kann und in der Nacht den Tag überdenkt, verliert am nächsten Tag sehr schnell den Mut. Wenn ich mir die Kinder und die Enkel ansehe, ist ihr Tag angefüllt bis zur letzten Stunde. Arbeit, Engagement, Amüsieren, was immer. Die Luft geht bald aus, wenn man nicht einmal durchatmet. Da kann der alte Text helfen.

Auch gemeinsam gesprochen, in einer Messe. An einem Grabe. Und wenn ein Kind geboren wird.

Übrigens: Es kann auch ein Lied sein. Sogar eins ohne Worte. Aber irgendein altes, beständiges.

Exkurs über einen Besuch

Es war ja nicht irgendein Besuch. Auch nicht irgendein Staatsbesuch. Was ist eigentlich ein Staatsbesuch? Ein Staat wird besucht. Wer ist der Staat? Wir? Jeder Papst ist auch Souverän des Vatikanstaates, und so wurde er auch mit allen − versteht sich − militärischen Ehren vom Bundespräsidenten empfangen. Der war übrigens der einzige Protestant, mit dem Johannes Paul II. auf dieser gehetzten Reise hat in Ruhe sprechen können, müssen. Nein, es war eine Pilgerreise, hieß es. Eine

Pilgerreise, die Millionen gekostet hat, den Steuerzahler, die Rundfunkanstalten. Der Papst bedankte sich sehr für die hervorragende Zusammenarbeit zwischen Kirche und Staat. Das sei ein Zeichen echter Partnerschaft. Ja, sie war echt, historisch gewachsen. In Zeiten übertriebener Sicherheitsvorkehrungen begleitet von Hubschraubern von Bundeswehr und Bundesgrenzschutz, Tausenden von Polizisten mit und ohne Uniform und einem Schwarm von Würdenträgern der westlichen und südlichen Bundesländer.

Ach, wäre er auch nach Bremen gekommen. Oder nach Hannover, Hamburg oder Kiel, oder gar nach West-Berlin. Wußte der Papst, wo er war? Einmal, in Augsburg, hatte er sie neben sich, die Protestanten, den Ratsvorsitzenden der Evangelischen Kirche in Deutschland und einen rührenden Pastor der Brudergemeinde für die evangelischen Freikirchen, ganz in Zivil, ohne Ornat und Talar und schon deshalb liebenswert. Hat der Papst gemerkt, wie die Gemeinde reagierte auf seine schwache Rede und dann auf ein paar offene Sätze von Bischof Kruse? Ja, eine kopernikanische Wende müßte eintreten, daß nicht mehr alle Kirchen um Rom zu kreisen haben, sondern Rom und die anderen um ihren einen Herrn. Aber das wird nicht möglich sein. Weder mit diesem Papst aus Polen noch mit irgendeinem anderen, so lange der Papst Papst ist mit einer unanfechtbaren Lehrautorität und als erster in einer Hierarchie, die bis ins letzte Dorf im Schwarzwald reicht. Wenn wir doch nüchtern genug wären, das endlich zu erkennen und auszusprechen!

Ich habe mir nicht alle Messen und Reden des Bischofs

von Rom angesehen und angehört, obwohl es ja schwierig war, ihm in diesen Tagen nicht zu begegnen in Rundfunk und Fernsehen. Aber ich habe an dieses kleine Buch gedacht von der Deutschen Messe, und ob es noch irgend etwas zu tun hat mit den Massenveranstaltungen in Stadien und auf Marktplätzen, bei denen sich dem Papst niemand aus Gemeinde und Volk nähern konnte ohne peinliche Leibesvisitation. Ich dachte an den Herrn, von dem dieses Buch soviel redet. Wie er mit einem Esel in Jerusalem einzog, und wie er mit seinem Verräter zu Tische saß, und wie die römische Staatsmacht nur die Kosten für seine Hinrichtung zu tragen hatte. Wie weit liegt das alles weg vom Papamobil und allem prunkvollen Aufwand!

Nun, der Papst war auch immer wieder beim Gebet zu sehen. Kniend vor einem Altar, einem Grabe. Das ist ein gutes, menschliches Gesicht, so in der Stille, die nur immer wieder unterbrochen wird vom Klicken der Fotoapparate und dem Surren der Kameras. Das Gesicht hat mich sehr beeindruckt. Aber zugleich war es unerträglich, nun auch diese Stille vorzuzeigen im Drehbuch der Supershow.

Die Zeitungen fragen heute: Was hat er bewegt, dieser Besuch? Ich würde sagen: Auf das Volk gesehen, nichts oder fast nichts. Auf das Verhältnis der Kirchen zueinander gesehen, eher einen Rückschritt – 1980 in Mainz wurde wenigstens, wenn auch mit vorbereiteten Texten, miteinander geredet. Für die katholische Amtskirche und ihre Zufriedenheit mit sich selbst viel: Die Bischöfe waren prächtig im Bild. Für die Öffentlichkeit am meisten: Sie wurde kräftig zur Kasse gebeten. Wann endlich wird von der wirklichen Lage der Deutschen in unserem Lande die Rede sein bei solchen Anlässen: von dem stillen Auszug aus den Kirchen und seinen Gründen, von der Armut des Geistes und der Seele, und vom Hochmut, dies alles gar nicht wahrzunehmen? Karol Wojtyla ist doch nicht nur ein frommer, sondern auch ein kluger Mann. Es ist unbegreiflich, daß er nicht erkennt, mit solchen Reisen seinen Glauben immer unglaubwürdiger zu machen.

X

MISSA EST

Gehet hin in Frieden

Der Tag ist traumhaft schön. Ein endloser Himmel von hellem Blau, zu beiden Seiten der Bahn aber die Wiesen, leuchtendes Gelb von Tausenden von Löwenzahnblüten, später in Ostfriesland über dem Moorboden zwischen den Kanälen mit dunklem Wasser das zarte Weiß des Wiesenschaumkrauts. Wir fahren nach Esterwegen. Wir fahren durch diese Zeichen unbeirrbaren Lebens an einen Ort des Todes. Esterwegen ist ein eher zufälliger Name im mörderischen Geflecht jener Lager, die als Moorlager in die Geschichte des Unmenschen eingegangen sind. Vergessene, verdrängte Geschichte. Nur gegen den hinhaltenden Widerstand der Behörden von Stadt und Kreis Papenburg, des Regierungspräsidenten in Oldenburg, ohne offizielle Beteiligung der Kirchen, Parteien, Gewerkschaften konnte sich eine kleine Gruppe nachdenklicher Menschen für die Errichtung einer Gedenkstätte durchsetzen. Sie versammelt sich nun seit ein paar Jahren an dieser Stätte, einem Friedhof, der ein großes Massengrab ist. Eine niederländisch-deutsche Initiative gedenkt der Toten am 8. Mai eines jeden Jahres, der Opfer des Terrors von Staats wegen: der Moorsoldaten. Nicht wie in Stukenbrock, wo die Anwesenheit sowjetischer Generale und Botschafter als Druck von außen zur Besinnung half, sind hier die meist jungen Holländer und Deutschen ganz auf sich gewiesen. Aber ein paar Hundert Menschen sind gekommen, uns zuzuhören, dem Chor mit seinen Häftlings- und Freiheitsliedern, zwei Überlebenden des Terrors, einem katholischen Priester aus Groningen und mir. Wir stehen nebeneinander, der Holländer, der Mann unter der Herrschaft des Papstes, der Sohn von

Eltern, die den deutschen Überfall auf ihr Land erlebten. Und ich, aus dem Volk der Täter, ein deutscher
Protestant. Er redete als erster, in meiner Sprache.

Das Normale tun: sich einmischen

1.

Ich bin ein katholischer Priester, aus Groningen in den
Niederlanden, und ich bin ein gewählter Abgeordneter
im Europaparlament, weil ich meine: wir müssen uns
heute einmischen.

2.

Gedenken heißt: verhüten, daß so etwas wieder passiert. Der Nazi-Schlachtopfer gedenken, heißt heute:
erklären, daß wir die Wahlen in Südafrika von dieser
Woche ablehnen als nichtgültig, als rassistisch qualifi-
zieren, weil 5 Millionen Weiße alleine wählten und
nicht die 35 Millionen Schwarzen.

Heute der Nazi-Schlachtopfer gedenken, heißt erklären: daß Faschismus und Rassismus nur gestoppt werden können, wenn die wirtschaftliche Unterstützung
der Botha-Diktatur durch europäische und amerikani-
sche Banken und Betriebe und ihre politische Legalisie-
rung beendet werden.

3.

Der Nazi-Schlachtopfer heute gedenken, heißt erklären: daß wir die westliche Unterstützung des Pinochet-
Regimes abweisen, des Duarte-Regimes, des Suharto-

Regimes, des Zia-ul-Haq-Regimes, des Seoul-Regimes usw.

4.

Der Nazi-Schlachtopfer heute gedenken, heißt erklären: daß die Reichen an den Armen verschuldet sind statt umgekehrt, wie der Internationale Währungs- fonds und die Weltbank und die Finanzminister und die Privatbanken uns zu glauben vorhalten und die ge- plünderten Dritte-Welt-Länder behandeln.

5.

Der Nazi-Schlachtopfer gedenken, heißt heute erklä- ren: daß wir Michail Gorbatschows Vorschlägen offen und bereit entgegentreten, daß wir wollen, daß alle nuklearen Mittelstreckenraketen aus Europa und der Welt verschwinden; daß alle nuklearen Kurzstrecken- raketen aus West- und Osteuropa verschwinden; und daß alle taktischen Nuklearwaffen aus West- und Ost- europa verschwinden.

Wir sind nicht ratlos und in Panik über diese Vertrags- vorschläge, im Gegenteil, es waren immer unsere!

Wir stellen erneut fest, daß nicht Abschreckung und Waffen Frieden schaffen, sondern Vertrauen, Zusam- menarbeit und Entspannung.

6.

Aber, liebe Freundinnen und Freunde, gedenken geht wohl tiefer, gründlicher. Gedenken soll zu den Wurzeln gehen. Darum möchte ich hier heute ein Fragezeichen aufrichten, einige Fragen stellen, die mich sehr beschäftigen, ja beängstigen. Ich möchte folgendes fragen:

Das Dritte Reich, der Nazi-Rassismus und Nazi-Faschismus, von Deutschland, von Italien, von Spanien, von Japan, war das alles nur damals? Gewiß: in *der* Form war es in 1945 überwunden. Aber war es auch vorbei?

Ich meine: die Endlösung, die Genozide der Nazi-Zeit, waren doch auch eine Technik, ein Apparat, eine gesellschaftliche Maschine, eine zentrale Bürokratie: ist das alles wirklich vorbei?

Genügt es zu sagen: das war damals?

Ich meine: es waren Europäer, es waren Weiße, es waren Menschen, die es getan haben.

Es waren Menschen, die immun geworden, gemacht waren für das Normal-Menschliche. Ist das vorbei?

Bitte, lassen Sie mich diese Frage so klar wie möglich erläutern:

— Wenn Politiker und Militär nach 1945 die absolute nukleare Vernichtung der Menschheit, der Welt als möglich vorbereitet und organisiert haben, und also sie bereit sind, denn das heißt ja »Abschreckung« und »First Strike«, also bereit sind, diese Vernichtungsmaschine in Betrieb zu stellen, dieses Euroshima, dieses Weltshima zu realisieren, haben wir dann die gute Sprache, müssen wir dann nicht sagen: daß wir jede

Minute, denn die Warnungszeit bei den taktischen Waffen in Europa ist ja nur noch 1½ Minuten, müssen wir dann nicht sagen, daß wir jede Minute bedroht werden durch diesen Nuklear-Faschismus von West und Ost?

— Wenn die reichen Länder eine Wirtschaft, eine Weltmarktwirtschaft propagieren und vorantreiben, durch die Millionen von Menschen, ganze Völker in der Dritten Welt verhungern, haben wir dann die richtige Sprache, müssen wir dann nicht reden von diesem Wirtschafts-Faschismus?

— Wenn unsere Umwelt so zerstört wird, die Wälder, die Seen, die Flüsse, Tausende Pflanzenrassen, Tierrassen, haben wir dann die richtige Sprache, oder müssen wir reden von diesem Öko-Faschismus?

7.

Ich muß diese Fragen wohl noch schärfer stellen:

Die heutige Biotechnologie, die Genmanipulation, die durch Techniker, Wissenschaftler, Unternehmer heute entwickelt werden und schon praktiziert, gehen diese biotechnologischen Änderungsansprüche nicht aus von einer These, die eigentlich heißt: das Leben, das uns gegeben wurde, das ist grundsätzlich ungenügend, es ist unzulänglich, es reicht nicht aus?

Für die Nazis war eine bestimmte Menschenrasse minderwertig; wird heute nicht, schweigend, angenommen, etwas noch Totaleres, nämlich daß die vorhandenen Rassen von Pflanzen, von Tieren, von Menschen unzulänglich sind?

Wird im Grunde nicht gesagt: Wir brauchen und wir werden produzieren: Überpflanzen, Übertiere, Übermenschen?

Ist das nicht, was uns zum Tiefsten erwecken und erregen soll? Müssen wir nicht sagen: Diese Entwicklung verweigern wir?

8.

Liebe Freundinnen und Freunde, wenn jeder wartet, bis ein anderer anfängt, ändert sich nichts.

Widerstand ist das einfache Recht von jedem Bürger, sich einzumischen.

Widerstand heißt: das Kleine, Normale, Tägliche, das, was uns lieb ist und teuer, standhaft verteidigen und schützen.

Widerstand heißt: Hans und Sophie Scholl, Alexander Schmorell und Christoph Probst; Widerstand heißt: Weiße Rose werden, Bekennende Kirche werden.

Widerstand heißt nicht: die große Organisation; es heißt vielleicht nur eine Flugschrift und ein Kopierapparat.

Widerstand heißt: »Rücke uns das Herz aus dem Leibe und sie werden sich daran tödlich brennen.«

9.

Widerstand heißt, einfach das Normale tun: heißt: – Geld wegholen von Banken, die Geschäfte machen mit Südafrika, – heißt Rohrzucker von den Philippinen essen, – heißt keine Äpfel aus Chile und keine Apfelsinen aus Südafrika essen, – heißt nicht Shell tanken, – heißt kein Phosphat beim Waschen, – heißt sich einmischen, wo Homosexuelle geweigert werden, wo gesagt wird: Behinderte sollen bescheiden sein, sie kosten schon soviel.

Da schon und noch früher fängt der Widerstand an, in Tausenden Bereichen.

10.

Wir sollten uns einmischen, wir sollten uns zu Wort melden.

Warum mischen sich so viele Menschen nicht ein? Weil sie es nicht gelernt haben, nicht geübt, nicht versucht; weil es ihnen verboten war, weil sie es nicht gelernt haben, nicht zu Hause, nicht in der Schule, nicht in der Kirche, nicht in der Arbeit.

Wir wollen es darum lernen: in unserer Frauenbewegung, in unserer Arbeiterbewegung, in unserer Umweltbewegung, in unserer Bauernbewegung, in unserer Dritte-Welt-Bewegung, in unserer Friedensbewegung. Da sollten wir zusammen eine Gegenstimme machen.

11.

Darf ich da noch eine aktuelle Bemerkung machen?

Als der Papst letzte Woche in der Bundesrepublik war, bin ich wirklich bange geworden, ich sage es als Priester der Römischen Kirche: es hat mich wirklich bange gemacht, daß die Regie dieses Besuches so war, daß jedes Wort von der Basis von vornherein unmöglich gemacht war. Es wurde gar nicht zensuriert, nein, viel schlimmer: es wurde überhaupt keiner von der Basis zugelassen.

Die Katholiken durften nur schweigen, singen, zuhören, klatschen.

Wie kann man Widerstandskämpfer wie Edith Stein und Rupert Mayer seligsprechen, wenn man jedes Gegenwort, ja jedes Wort, verbietet?

12.

Liebe Freundinnen und Freunde, es sind gewiß nur ganz wenige, die das Normale tun: sich einmischen, Widerstand leisten.

Darf ich so enden: Schuld ist nicht erblich, aber Widerstand und Mut sind es auch nicht! Jede Zeit, jede Generation, jeder von uns muß selber anfangen.

Weiße Rosen, daß es viele werden.

Das hat er gesagt, der Pater Herman Verbeek. Als er geendet hatte, ging ich auf ihn zu, umarmte ihn und sagte: »Jetzt muß ich mein Manuskript wegstecken. Du hast meine Rede schon gehalten.« Über die Grenzen der Konfession, der nationalen Geschichte, der Sprache, der Generation und über den Graben zwischen Opfern und Tätern hinweg war der Mann neben mir, den ich bis zu dieser Stunde nicht kannte, mein anderes Ich. Ein katholischer Christ.

Ich habe dann ganz frei gesprochen, der Menge gesagt,

was ich in diesem Augenblick empfand, auch daß es wohl mit dem Namen dessen zu tun haben müßte, der nicht genannt wurde. Denn es waren keine frommen Reden von uns beiden. Wir standen einem Gedenkstein für Carl von Ossietzky gegenüber, der hier gequält wurde, nach seiner durch internationalen Druck erzwungenen Entlassung in einer kurzen Freiheit, bis zum Tode. Auf dem schlichten Felsblock saßen zwei Kinder. Sie störten nicht. Viel störender sind die Herren aus Hannover, die, Sozialdemokraten und Mitglieder der CDU, der Universität Oldenburg bis heute den Ehrennamen Ossietzky verweigert haben.

Es war ganz still auf dem Platz. Die Sonne gab schon ihr abendliches Licht. Wir fuhren zurück. Bis in den späten Abend war es hell. Ich dachte an dieses Buch, und wie es nun zu beenden sei, in der Lach- und Schießgesellschaft in München begonnen, im Moor von Esterwegen angekommen. Missa est. Korrekt übersetzt heißt das: die Messe ist. Nicht mehr und nicht weniger. Ja, hier ist sie, wie ein Fels im Moor, und Kinder sitzen darauf. Sehr fremd geworden, sehr unbeweglich. Sehr weit weg von den Menschen, und doch so nah wie kein anderer Text über die Jahrhunderte. Ihr letztes Wort redet vom Frieden.

Es soll auch das letzte Wort dieses Buches sein.